진인진

초인공지능

- 생명과 기계 사이에 있는 것 -

진인진

초인공지능

- 생명과 기계 사이에 있는 것 -

서문

"선생님! 인공지능이 폭발적으로 진보해가면, 우리 문과 계열의 학생들은 무엇을 하면서 살아야 합니까?"

한 학생이 이런 질문을 한다. 5년 정도 전에 소그룹 수업에서 "인공지능은 일자리를 빼앗는가?" "인공지능은 경제의 구조를 어떻게 바꿀 것인가?" 등의 주제를 다룰 때 나왔던 질문이다.

'인공지능Artificial Inteligence(이하 AI)'은 컴퓨터에게 지적인 작업을 맡기는 기술을 가리킨다. 가까이는 스마트폰에서 작동하는 'SIRI' 등의 음성조작 앱과 구글 등의 검색 엔진이 있다. 그것도 넓은 의미에서는 AI다.

5년 전만 해도 그다지 주목받지 못하던 AI와 관련된 화제가 2016년부터 신문과 잡지, 인터넷에서 무성하게 거론되고 있다. 2016년 3월에는 바둑AI, '알파고'가 한국의 이세돌 9단을 물리친 뉴스가 전세계를 떠들썩하게 했다.

AI가 바둑에서 인간 챔피언을 이겼다는 사실 그 자체에 대해 나는 어떠한 감흥도 없었다. 애초에 인간보다 컴퓨터가 이러한 류의 손의 게임(완전정보 게임)에 훨씬 적합하기 때문이다. 다만 그 시기가 상당히 빨

랐던 점에 놀랐을 뿐이다. 2015년 무렵에는 AI가 바둑에서 인간을 이기려면 10년은 걸릴 것으로 보았는데, 실제로는 단지 1년만에 이루어졌다. 그것은 기술진보를 낙관적으로 보고 있던 AI 연구자들의 예상마저도 훌쩍 뛰어 넘는 것이었다.

이후 AI의 진보는 점점 속도가 빨라지고 있고, 우리 사회도 어쩔 수 없이 그 영향을 받고 있다. 이러한 미래에는 이공 계열 사람들의 역할이 더욱 커질 것으로 보인다. AI만 이 아니라 과학기술 전 분야에서 풍성한 열매가 맺어질 것이다.

미국의 발명가이자 미래예측가인 레이 커즈와일Ray Kurzweil[1]은 'GNR 혁명'이 21세기 사회에 극적인 변화를 가져올 것이라고 말한 바 있다. G는 유전공학Genetics, N은 나노기술Nano Technology, R은 로봇공학Robotics의 약자다.[2]

이러한 분야를 포함해 과학기술의 세계에서는 아직 무르익지 않은 개척 분야가 확장되고 있기 때문에 이공 계열 사람들을 위한 일만 늘어갈 뿐이다. 그러면 문과 계열 사람들의 역할은 어떻게 될 것인가?

1 　역주-레이 커즈와일(1948~)은 미국의 발명가, 사업가, 미래학자로 본명은 레이몬드 커즈와일(Raymond Kurzweil)이다. AI기술의 세계적 권위자로 '기술적 특이점technological singularity'에 관한 저술로 널리 알려졌으며, 발명가로서는 옴니 폰트식 OCR 소프트, 음성 문장읽기 장치 등의 발명으로 유명하다.

2 　역주-레이 커즈와일은 2005년에 출간한 그의 저서 『특이점이 온다』에서 21세기 전반부에 GNR 혁명이 발생하여, 산업 혁명에 버금가는 새로운 물결을 만들어낼 것이라고 예측하였다. 특히 2045년까지 인간과 유사한 '강인공지능Strong AI'이 탄생할 것으로 예측해 충격을 주었다. 레이 커즈와일 저. 김영남, 장시형 역. 2005. 『특이점이 온다: 기술이 인간을 초월하는 순간 *The Singularity is Near*』. 김영사.

‘인문사회과학의 후퇴’가 부르짖어진지 오래되었다. 철학과 문학, 역사, 미학 등이 인문과학이고, 정치학과 경제학, 경영학, 법학 등이 사회과학이다.

2015년에 문부과학성이 전국의 국립대학에 인문사회과학 계열의 학부를 폐지, 전환할 것을 통고하면서 “문과 계열 학부가 줄줄이 무너지지 않을까” 우려되었다. 그 결과가 어찌되었건, 그러한 소동이 일어난 것 자체가 인문사회과학의 후퇴를 상징한다.

후퇴의 가장 큰 요인은 ‘마르크스주의의 쇠퇴’다. 마르크스의 이론은 철학, 문학, 사회학, 역사학, 그리고 경제학이었다. 마르크스의 이론이 여러 학문의 유대를 강화하는 역할을 해왔고, 마르크스주의적 혁명의 가능성이 인문사회과학의 가치를 부각시키고 담보해왔다.

1970년대에 학생 운동의 침체와 더불어 마르크스주의의 쇠퇴가 시작되었다. 그리고 1991년에 소련이 붕괴한 뒤 혁명의 가능성이 완전히 막히면서 마르크스주의를 통한 인문사회과학의 유대는 해체되었다.

이후 얼마 지나지 않아 인문사회과학의 학문들은 우물안 개구리처럼 되어, 당사자 이외에는 (혹은 당사자들에게 조차) 어떠한 가치가 있는지 알 수 없는 미시적이고 부차적인 논의들만이 횡행하게 되었다. ‘문과 계열 학문은 완전히 없어져도 된다’는 사람도 있는데, 그 배경에는 인문사회과학이 우물안 개구리가 되어버렸고, 그 가치 또한 저하되어 지반이 붕괴해버린 현실이 있다.

나는 이러한 경향이 서서히 반전될 것이라 생각한다. AI의 발달이 이후에 인문사회과학을 점점 더 가치 없게 만들 것이라고 예상하는 사람들이 있다. 그러나 내가 보는 견지에서는 정반대다. AI야말로 여러 학문들의 새로운 연계끈이 되고, AI의 발달이 오히려 인문사회과학을 다시 활성화시키고, 마르크스의 이론을 부활시킬 것이다.

철학은 특히 도움이 되지 않는 학문의 대명사처럼 취급되어 학자연하는 이들의 도락道樂으로 간주되어왔다. 이미 18세기에 칸트도 철학이 이전의 '모든 학문의 여왕' 지위에서 전락해서 멸시의 대상이 되었다고 한탄한 바 있다.

그러나 오늘날에는 "자율 자동차가 사람을 치어죽일 때 누가 책임을 질 것인가?", "AI를 탑재한 로봇이 사람을 해칠 경우에 로봇이 책임을 져야 하는가?", "어떤 조건을 충족했을 때 로봇에 의식이 있다고 할 수 있을까?", "AI가 음악을 작곡할 때 누가 창조한 것일까?" 등의 논의가 수없이 이루어지고 있다.

이러한 논의를 진행할 때 철학 연구자의 의견이 중요해지고 있다. 문과 계열 사람들이 생각해야만 하는 문제는 산적해 있다.

우리들은 아직 "의식이란 무엇인가?"라는 질문에 대한 답을 얻지 못했지만 별반 불편을 느끼지 않은 채 일상생활을 영위하고 있다. 그러나 고도의 자율성을 갖는 AI와 로봇이 출현하는 여명기에 우리는 의식과 책임, 창조 등에 관한 근원적인 질문에 직면할 수밖에 없다. 그런 미래는 지극히 짧은 시간 안에 찾아올 가능성이 있다. 때문에 지금부터 준비하고 논의할 필요가 있다.

철학의 실학적 가치는 이후 점점 더 커질 것이다. 철학을 취미도락으로 즐겨보겠다고 생각하는 철학 연구자에게는 자칫 당황스러운 이야기가 되는지 모르겠다. AI를 둘러싼 이야기에 휘말려들고 싶지 않다, 플라톤과 아리스토텔레스의 저작을 완상玩賞하면서 그냥 인생을 살아가고 싶다고 생각할는지도 모른다.

그러나 데카르트에게 시계, 프로이트에게 열역학과 같이, 과거 철학자와 사상가의 사고는 그 당시의 첨단 과학기술에 의해서 촉발되었다. 현대에는 AI를 통해 사색을 심화할 수 있을 것이며, 과거 문헌의 해석만으로 만족하는 철학은 더 이상 존립할 수 없다.

해외에서는 가령 스웨덴 출신의 철학자로 옥스퍼드대학교 교수인 닉 보스트롬Nick Bostrӧm[3]이 AI가 인류의 지성을 훨씬 초월해버렸을 때 어떠한 파멸적 결과가 야기될지 『초지성Superintelligence』이라는 저작에서 다루고 있다.[4] 일본에서도 AI를 둘러싼 철학적 논의가 시작되고 있지만, 이러한 움직임은 보다 적극적으로 이루어져야 한다.

이 책은 AI에 관한 철학적 논의 중에서도 가장 기초적인 "AI는 인간 지성을 넘어설 것인가?"라는 주제를 다룬다. 즉 초인공지능人工超知能/超AI이 가능할지를 다루겠다.

이것은 기술적인 문제기도 하지만, 철학적인 문제기도 하다. 우리들은 지성이 도대체 무엇인지 확실히 정식화하고 있지 못하다. 때문에 지금은 인간의 지능과 동일한 AI를 만드는 것도 불가능하다. 그래서 지성에 대한 논의에는 철학적인 사색이 반드시 필요하다.

논의의 핵심은 "AI는 인간이 명령한 것 이상을 할 수 있는가?"라는 문제다. 소박하게 생각하면, AI는 인간이 프로그래밍한대로밖에 움직일 수 없다.

프로그램인 AI가 그 프로그램 자체에 반하는 행동을 할 수 있을까? 만약 불가능하다면, 아무리 AI의 머리회전이 빨라진다고 할지라도 결국은 인간의 뜻대로 움직이는 똑똑한 심부름꾼에 불과할 것이다.

이러한 논의는 "지성이란 무엇인가?", "의식이란 무엇인가?", "기계와 생명은 무엇이 다른가?" 등의 근원적인 물음을 낳는다. 그렇기 때문

---

3 역주-닉 보스트롬(1973~)은 스웨덴계 영국의 철학자로 옥스포드대학 교수다. 인간 원리에 대한 연구로 유명한데, 1998년 데이비드 피어스와 함께 트랜스휴머니스트 협회를 설립했고, 2014년에는 『초지성: 경로, 위험성, 전략Superintelligence: Paths, Dangers, Strategies』이라는 저서를 발간했다.

4 역주-Bostrom, Nick. 2014. *Superintelligence: Path, Dangers, Strategies*. Oxford University Press.

에 이 책은 실용성을 추구하기도 하지만, 순수히 지적인 엔터테인먼트로서 즐길 수 있을 것이다.

다른 한편 이 책은 미래에 AI가 언제 어디까지 발달할 것인지를 전망하고, 향후 비즈니스와 투자를 어떻게 전개해야 할지를 판단하기 위한 재료를 제공하기도 한다.

나아가서는 분수에 맞지 않은 것일 수도 있지만, AI 연구자가 이후 어떠한 방향으로 연구를 해야 AI를 인간의 지성에 근접시킬 수 있는지 힌트를 줄 수도 있을 것이다.

그렇기 때문에 이 책의 주요한 독자는 철학과 AI에 흥미를 가진 문과 계열 학생들과 사업가들이겠지만, 나아가 AI 연구자 등 이과 계열 사람들에게도 읽힌다면 좋겠다.

한국어판 서문

지금 나는 한국의 경기도에 있다. 《2019년 한국 기본소득 박람회》에 참석하기 위해서다. 기본소득은 정부가 국민 전체에게 생활에 필요한 최소한의 돈을 지급하는 사회보장제도다.

성남시에서는 이미 기본소득으로 청년배당이 도입되었다. 앞으로 경기도 전역에 도입될 예정이라고 들었다. 그런 맥락에서 《기본소득 박람회》가 개최된 것이다.

이 행사에서 경기도 지사는 제4차 산업혁명으로 얻을 이익이 특정 소수에만 한정되고 평균적인 사람들의 살림살이는 오히려 나빠지고 있다고 지적했다.

제4차 산업혁명에서 핵심이 되는 기술이 인공지능(AI)이다. 최근 AI가 일자리를 빼앗거나, 빈부 격차를 더욱 크게 확대하는 것 아닌가 하는 우려가 나오고 있다. 기본소득이 주목을 끄는 배경에는 AI 기술의 비약적인 진보가 일조하고 있는 것이다.

지금까지 새로운 기술의 도입으로 마차의 마부, 전화 교환수, 타자수 등의 직업이 소멸되었다. 하지만 장기적으로 고용은 증가하지 않았다.

그런데 AI가 최근 엄청난 두려움의 대상이 되는 이유는 무엇일까?

그것은 AI가 인간의 지능을 추격하기 위해 연구되는 유일한 기술이기 때문이다.

물론 AI는 인간을 보조하는 기술로 연구되기도 한다. 그러면서도 AI 연구는 예로부터 우리들과 비슷한 모습을 만들고 싶어하는 인간의 마음속에 숨겨진 불가사의한 소망에 의해서도 부단히 동기지워지고 있다.

이 때문에 전화나 세탁기가 아무리 발전해도 인간을 전면적으로 대체할 수 없지만, AI는 그 진화의 최종 국면에서 전체적으로 인간을 대체할 가능성이 있다.

다만 이것은 아직 가능성의 단계이며, 정말로 AI가 인간과 같은 수준의 지성을 체현할지는 모를 일이다. 원래 지성이란 무엇인가라는 질문에 분명한 대답은 현재 이루어지고 있지 않다. 아직 불명료하게 정의되어 있는 것을 소프트웨어로 실현하기는 어려운 일이다.

의식이나 감정이 무엇인가라는 물음도 중요하다. 지성을 갖추는데 의식이나 감정이 필요 없다는 주장도 있을 수 있다. 하지만 그 주장의 타당성을 검증하기 위해서라도 의식이나 감정이 무엇인지 그 정체를 밝혀야 한다.

요컨대 AI에 대한 논의는 철학적인 사고가 필요하다. 이 책은 인간 수준의 AI가 실현될 수 있는지, 그리고 인간을 뛰어넘는 AI가 실현될 수 있는지 기술적으로, 그리고 철학적으로 논의하고 있다.

안타깝게도 일본에서는 요즘 철학이 인기가 없다. AI나 기본소득에 흥미를 가지는 사람은 많아졌지만, 의식이란 무엇인가라는 철학적 질문에는 별다른 관심이 없다.

한국에서는 일본보다 철학에 관심이 많다고 들었다. 모쪼록 이 책이 한국의 많은 독자들에게 읽히기를 바란다.

이노우에 도모히로

목차

01
AI는 미래를 어떻게 변화시킬 것인가?

0. 이 장에서 설명할 것

〈그림 1-1〉은 AI 기술과 그 응용에 대한 2030년까지의 로드맵이다. 2015년부터 5년마다 '핀테크Fintech', '스마트머신', '언어이해', '범용 AI'라는 지표기술과 개념이 나열되어 있다. 이 장에서는 2030년까지

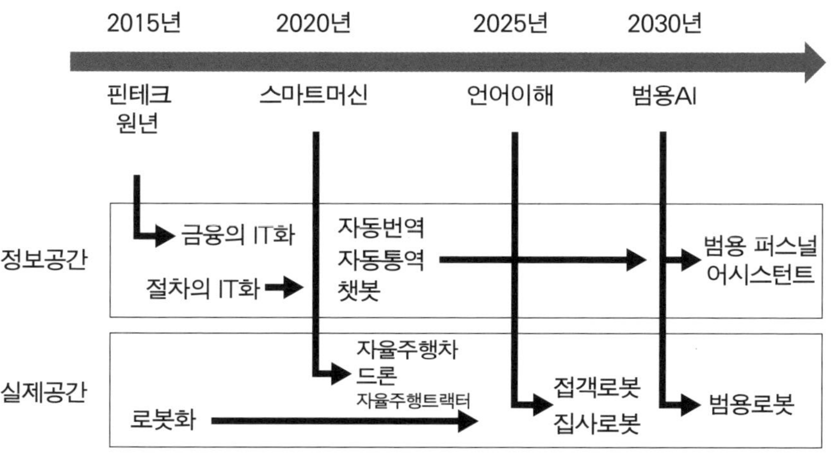

그림 1-1　　2030년까지의 AI기술과 그 응용

AI가 어떻게 진화하고 노동과 비즈니스, 사회에 어떠한 영향을 미칠지 미래의 예상도를 제시하고자 한다. 이를 통해 문과 계열 사업가와 학생이 AI에 대해서 이해하는 것이 왜 중요한지를 강조할 것이다.

1. 화이트칼라는 어떤 사람들인가?

화이트칼라와 블루칼라

최근 AI가 발달함에 따라 '화이트칼라의 위기'가 우려되고 있다. '화이트칼라'는 지적 노동자로 하얀 와이셔츠를 입고 있는 경우가 많아서 그러한 이름이 붙여졌다. 이에 대해 '블루칼라'는 육체 노동자로 파란 작업복을 입고 있었던 것이 그 유래다.

화이트칼라는 도시에서 수트를 입고 회사에 다니는 전형적인 샐러리맨을 떠올리면 된다. 그러나 화이트칼라가 어떤 일을 하는지 꼼꼼이 생각해보면, 의외로 막연하고 이해하기 어렵다.

블루칼라의 전형인 공장노동자의 일은 이해하기 쉽다. 자동차공장이라면 부품을 조립한다든지, 용접한다든지, 도장을 한다든지 한다. 요컨대 실제로 상품을 제조하는 일이다. 그러나 화이트칼라는 직접 상품을 제조하지 않는다. 도대체 무엇을 하는 사람들인가?

화이트칼라의 일

19세기 자본주의가 발생했을 당초 거의 모든 노동자는 육체를 사용해 제조작업을 행하던 블루칼라였다. 자본주의가 발전하고 복잡해짐에 따라 경리와 법무, 영업, 마케팅, 인사 등 일이 늘어났다.

이러한 화이트칼라의 일은 정보의 흐름을 제어하는 일인데, 단적으로 말하자면 '정보처리'다. 즉 그들이 만지고 있는 것은 자동차와 냉장고와 같은 물체가 아니라, 장부와 계약, 주가, 법률 등과 같은 정보다.

그렇다고 하면 화이트칼라가 행하는 작업은 바로 컴퓨터가 잘 하는 것이다. 무엇보다 컴퓨터는 정보를 처리하는 기계이기 때문이다.

그렇다고 해서 지금의 컴퓨터가 모든 정보처리를 할 수 있는 것은 아니다. AI는 컴퓨터상에서 동작하는 소프트웨어 가운데서도 특히 지적인 처리를 소화할 수 있는 것을 가리킨다. AI는 최근에 현저하게 발달하고 있는데, 아직 인간의 지적 수준에는 상당히 뒤떨어져 있다.

절차의 IT화

그러나 화이트칼라의 일 중에는 AI보다 똑똑하지 않고 단순한 소프트웨어로도 대체할 수 있는 일이 꽤 있다. 여행대리점 직원의 일을 보면 항공권과 호텔 예약, 결제 등과 같은 '절차'는 단순한 정보처리다.

따라서 현재와 같은 AI붐이 일어나기 상당히 이전부터 여행대리점의 실제 점포는 '라쿠텐樂天 트레블'과 같이 인터넷상의 여행 관련 사이트로 대체되어왔다.

제3차 산업 혁명으로 불리는 '정보기술 혁명(IT 혁명)'의 출발점은 1995년이다. 왜냐하면 이 해에 비로소 가정에 보급된 개인용 컴퓨터PC의 운영체제Operating System/OS(기본 소프트웨어)인 윈도우즈 95가 발매되었고, 그와 동시에 인터넷이 보급되기 시작했기 때문이다.

이 1995년부터 지금까지 '절차의 IT화'가 급속히 진행되고 있는데, 우리들은 인터넷에서 책과 주식을 사고, 식당과 호텔을 예약할 수 있게 되었다.

2. 2015년: 핀테크 원년

정보공간과 실제공간

〈그림 1-1〉의 '정보 공간'이란 정보처리만이 행해지는 세계고, '실제 공간'은 물체를 운반하거나 움직이거나 조작하는 세계다.

여기서 말하는 '정보 공간'은 인터넷의 세계와 디지털 세계만을 의미하는 건 아니다. 원래 모든 지적 노동이 정보처리고, 화이트칼라의 일은 정보 공간 안에서 이루어진다.

따라서 화이트칼라는 '정보 공간 속의 주민'이라고 할 수 있다. '절차의 IT화'는 지금도 이 공간을 계속 침식해 들어와 화이트칼라의 고용을 위협하고 있다. 아마도 이 침식은 여행대리점으로 말하자면 실제 점포의 직원이 모두 사라지기까지 계속될 것이다.

핀테크란 무엇인가?

컴퓨터에게 비교적 어려운 일은 인간의 말을 이해하는 것이다. 여행대리점 직원에게 가고싶은 국가의 치안과 위생상태를 물어보면 대답해주겠지만, 그런 인간 직원과 완전히 동일한 수준으로 응대해주는 AI는 현재 존재하지 않는다. 다만 인터넷에서 간단히 조사할 수 있기 때문에 그러한 AI는 필요없겠지만 말이다.

말과 달리, 수치를 다루는 것은 인간보다 컴퓨터가 더 낫다. 금융업계와 회계업계의 일은 IT에 의한 기술적인 대체 가능성이 비교적 높다. 그것은 이들 업계가 정보 공간 속에 가두어져 있을 뿐만 아니라, 거의 모두 수치만을 다루기 때문이다.

2015년경부터 '핀테크'라는 말이 일본에서도 유행하기 시작했고 이들 업계의 IT화가 특히 급진전했다. '핀테크'란 '파이낸스(금융)'와 '테크놀로지(기술)’라는 두 용어의 합성어다. 핀테크에는 가계부앱, 회계 시스템으로부터, 지문인증만으로 쇼핑할 수 있는 시스템과 인터넷에서 이용 가능한 융자 서비스 등의 선진적인 기술과 서비스에 이르기까지 여러 가지가 포함된다.

그러한 금융과 회계의 IT화의 흐름에 작금의 AI 붐이 합류하여, 자산운용을 지원하는 ‘로봇 어드바이저’와 ‘심층학습deep learning’과 같은 최첨단 AI 기술을 응용한 ‘주가예측앱’도 등장하고 있다.

은행은 소멸하는가?

핀테크가 확실히 금융업계를 변혁할 것이기 때문에 은행도 소멸할 것이라고 예상하는 사람도 있다.

나는 2016년에 오테마치大手町[5] 근처의 증권회사 10개 정도를 돌면서 AI에 관해서 논의한 바 있다. 민감한 사람들은 모두 AI를 일찍 도입한 기업이 최종 승자가 되는 것이 아닌가, 원래 증권맨의 일 자체가 소멸해버리는 것은 아닌가 등등 초조함을 드러냈다.

주식시장에서는 지금도 자동 거래를 행하는 AI ‘트레이딩 로봇’이 활동하고 있다(로봇이라 해도 손발이 있는 물체적인 로봇이 아니라, AI와 자율적으로 작동하는 소프트웨어를 의미한다).

트레이딩 로봇은 ‘고빈도 거래High Frequency Trading/HFT’라고 해서, 0.001초 단위로 전략을 변화시키면서 거래를 행하기 때문에, 초단기적인 거래에서 인간은 거의 이 로봇을 이길 수 없다. 날에 따라 꽤 차이가 나지만 지금도 도쿄 증권거래소에서는 거래의 40% 이상이 트레이딩 로봇으로 이루어진다고 한다.

---

5 역주−일본 도쿄의 금융 및 대기업 본사들이 모여 있는 지역으로, 은유적으로는 일본의 재계財界를 상징하는 말로도 사용된다.

회계사는 살아남을 것인가?

한편 회계 업무에서는 그러한 극적인 변화가 당장에 일어나지는 않을 것이다. 금융업계는 국제적인 경쟁에 노출되어 있지만, 일본의 회계업계는 4대 감사법인에 의해서 과점되어 있다. 4개 회사가 수평적으로 지배하는 상태인데, 어떤 회사도 IT를 대대적으로 도입해서 가격파괴를 하려 하지는 않고 있다.

가령 감사대상 기업에 외상매출금이 있을 경우에 이를 확인하기 위한 작업은 회계시스템은커녕, 이메일조차 사용하지 않고 아직도 우편으로 하고 있다.

따라서 AI가 비즈니스의 미래를 어떻게 변화시킬지 예견할 때 우리들은 단지 기술적 대체 가능성만을 보아서는 알 수 없다. 기술에 더해서 업계마다의 관습과 특질을 고려해야만 한다.

3. 2020년: 스마트머신의 시대가 온다

AI가 실제 공간을 침식한다

우리들이 사용하고 있는 컴퓨터는 손발도 없고 바퀴도 없기 때문에 유리잔에 와인을 따르거나 의자를 운반할 수 없다. 결국 실제 공간에 거의 영향을 미칠 수 없다.

그러나 AI를 내장한 컴퓨터가 로봇과 드론, 자율 주행차의 두뇌로 탑재되면, 이제 정보 공간에만 머무르는 것은 아니다. 이처럼 자율적으로 돌아다니며 움직이는 똑똑한 기계를 '스마트머신'이라고 한다. AI가 스마트머신에 탑재됨으로써 드디어 실제 공간을 침식할 수 있게 된다.

일본에서는 2020년 무렵부터 드론 택배와 자율 주행차가 현실화되어 스마트머신의 시대가 도래할 것이다.

드론에 의한 택배 서비스로는 아마존의 '프라임 에어Prime Air'가 유명하다. 아마존은 2016년 12월에 영국에서 드론을 사용한 택배에 성공했다. 일본에서는 국가전략 특구인 지바千葉시가 2019년에 드론 택배를 실현하기 위해 노력하고 있다.

일본 정부는 자율 주행차가 도쿄올림픽이 열리는 2020년에 일반 도로를 달리도록 한다는 목표를 세우고 있다. 이를 위해서 기술적으로 자율 운전이 가능해져야 하고 도로교통법도 개정되어야 한다.

어쨌든 2020년부터 서서히 자율 주행차가 보급되어갈 것으로 예상된다. 그에 따라 택시기사와 트럭기사의 일자리가 점차 줄어들 것임은 예상하기 어렵시 않다.

일본의 자동차산업은 열세에 몰릴 것인가?

자율 주행차의 보급은 전기자동차의 보급과 함께 일본의 자동차산업을 열세로 몰고갈 가능성이 있다.

전기자동차는 가솔린 자동차와는 달리 시스템이 단순하다. 가솔린 자동차를 제조하려면, 상호 영향관계를 고려해서 조정하면서 부품을 조립하는 기술이 필요하다. 일본 기업은 '연마맞춤擦り合わせ'이라 불리우는 제조업 기술이 우수한 것으로 칭송되어왔다.

이에 비해 전기자동차는 부품을 블록처럼 단순히 조립해도 만들 수 있다. 전기자동차의 '상품commodity화'가 진행되면, 현재 개인용 컴퓨터가 대만의 작은 벤처기업에서 제조되는 것처럼, 자동차도 도요타나 닛산과 같은 대기업이 아니어도 생산할 수 있는 상품이 된다.

그때 자동차산업의 승패를 결정짓는 것은 디자인 능력과 브랜딩 능력, 소비자에게 새로운 라이프스타일을 제공하는 비전 능력 등이다.

스티브 잡스가 이끌던 이전 애플의 창의적 능력이 필요한 것이다.

실제 전기자동차 제조회사로 유명해진 테슬러 모터스는 실리콘밸리의 벤처기업인데도 우수한 디자인의 자동차를 세상에 내보내고 있다.

자동차산업이 IT산업이 되는 날

덧붙여 자율 주행 자동차가 진전되면 자동차의 하드웨어를 만드는 것은 별로 이익을 내지 못하지만, 자동차의 소프트웨어가 막대한 이익을 창출하게 될 것이다. 자동차산업이 IT산업화하는 것이다.

자율 주행은 AI가 제어하는데, AI는 운영체제OS: operating system 위에서 작동한다. 워드와 파워포인트 등 소프트웨어가 마이크로소프트의 윈도우즈라는 OS 위에서 작동하는 것과 같다.

그러면 개인용 컴퓨터의 하드웨어를 제조하는 파나소닉이나 후지쓰 등과 같은 제조업체보다도 OS를 만드는 마이크로소프트가 훨씬 많은 돈을 버는 것과 마찬가지 일이 일어날 것이다.

즉 자동차에 탑재되는 OS인 '차재車載 OS'의 사실상의 표준de facto standard 자리를 차지한 기업이 시장을 독점(혹은 과점)하게 된다.

그 전초전은 이미 시작되었다. 구글의 '안드로이드 오토Android Auto'와 애플의 '카플레이CarPlay'가 '차재시스템'의 패권을 장악하기 위한 경쟁을 벌이고 있다.

'차재시스템'은 차 안에서 내비게이션과 음악 재생을 하고, 여러 가지 앱을 작동할 수 있는 시스템이다. 예컨대 안드로이드 오토라면 안드로이드 스마트폰을 차안의 디스플레이에 접속해 이용한다.

이대로 가면 차재 OS도 스마트폰과 마찬가지로 구글과 애플의 일대 결투장이 될 것이며, 일본 기업의 공간은 사라질 것이다. 스마트머신의 시대가 되면, 제조업에 강한 일본 기업이 AI 분야에서도 활약할 것이라 기대되고 있지만, 반대로 자동차산업과 같은 대표적 제조업이 열세에 몰릴 가능성도 있다.

4. 2025년: 언어의 장벽을 넘어설 때

인공무능에서 언어의 의미를 이해하는 AI로

시리SIRI든, 여고생 AI '린나'와 같은 챗봇chatbot/chatterbot이든 지금의 AI는 말의 의미를 이해할 수 없다. 시리를 이용하면, "저게 내말을 이해하고 있는 것은 아닌가"하는 기분이 들지도 모른다. 그러나 시리는 인간의 질문에 대해서 통계적으로 타당할 성 싶은 답변을 할 뿐이다.

시리는 "아침 8시에 깨워줘"라는 요구를 받으면, 정확히 8시에 알람을 세팅해주지만 '아침'이 '해가 뜬 후의 상태로, 낮 이전의 시간대'를 의미한다는 점을 이해하고 있는 것은 아니다. 그렇기 때문에 인간이라면 하기 어려운 엉뚱한 답을 하는 경우도 있다. 이렇듯 말의 의미를 이해하지 못하는 회화형 AI를 '인공무능'이라 부른다.

그런데 일본 AI 연구의 1인자인 도쿄대학 마쓰오 유타카松尾豊 교수[6]는 2025년 무렵에 AI가 의미를 이해할 수 있게 될 것으로 예측하고 있다. 그렇게 되면 '인공무능'이 아닌 회화형 AI(챗봇)가 등장하거나, 보다 정확한 자동번역과 자동통역이 가능해질 것이다.

6　역주-마쓰오 유타카(1975~)는 일본의 공학자로 도쿄대학 대학원 공학계연구과의 종합연구기구, 지知의 구조화센터, 기술경영전략학 전공의 조교수로 전공 분야는 인공지능, 웹공학, 소셜미디어 분석 등이다. 일본의 대표적 AI 연구자다.

마쓰오 교수는 '비포Before 자동번역', '애프터After 자동번역'이라는 말을 사용한다. 의미를 이해할 수 있는 AI 자동번역이 실현되는 2025년 전후로 완전히 세계가 달라질 것이라고 한다. 2025년 이후 '애프터 자동번역'의 세계에서는 일본 기업의 해외 진출이나, 해외 기업의 일본 진출이 지금보다는 현저히 쉬워질 것이고 말뜻 그대로 글로벌리즘이 찾아올 것이라고 한다.

그리고 번역가와 통역가가 완전히 소멸하지는 않겠지만 확실히 적어질 것이다. 해외의 소설을 아름다운 일본어로 번역할 번역가의 수요는 없어지지 않겠지만 기술문서와 같은 것은 자동번역으로도 충분할 것이다.

지금도 구글의 웹사이트에서 이용할 수 있는 '구글 번역'은 상당히 정밀도가 향상되고 있다. 2016년 11월 '심층학습'이라는 첨단 AI 기술을 도입했기 때문이다. 이 기술로 AI가 지속적으로 학습할 수 있기 때문에 이후 번역의 정밀도도 점점 좋아질 수밖에 없다.

구글 번역도 시리와 마찬가지로 말의 의미를 이해하지 못하는 인공무능이다. '이해'의 정의에 따라 달라지겠지만, 다음 장에서 상세히 논하는 것처럼 지금 실용화되어 있는 AI는 기본적으로 의미를 이해하지 못한다고 나는 보고 있다. 그렇더라도 구글 번역은 상당히 정확도가 진보할 것이다.

기술적으로는 이미 영어책을 전자서적e-Book으로 구입해 그것에 자동번역을 걸어서 일본어로 읽을 수도 있다. 번역가가 필요 없는 시대가 곧 닥칠 것이다.

영어 공부는 필요한가?

그러면 영어 공부도 별로 필요하지 않게 될 것이다. 지금 예언해두건대 2025년을 전후해 학생들이 영어 공부에 지금과 같이 큰 비중을 두어야 하는지, 영어교육을 전면적으로 재검토해야 한다는 국민적인 논의가 끓어오를 것이다. 나는 지금도 많은 국민들이 지금처럼 대단한 시간을 들여서 영어를 공부할 필요가 있을까 생각하고 있다.

누구라도 잘하는 일과 못하는 일이 있다. 수학을 잘 하는 사람은 못하는 사람보다도 100배 이상 이해가 빠르고, 영어를 잘 하는 사람은 못하는 사람보다도 100배 이상 습득이 빠를 수 있다. 영어에 재능이 없는 사람이 엄청난 시간을 들여서 영어를 학습할 필요가 있을까? 자동 번역과 통역이 보급되면, 더욱 더 그러한 회의가 커질 것이다.

나를 포함해 대다수의 일본인은 서투른 영어를 사용하고 있다. 조만간 자동번역기를 사용하는 것이 빠르고 정확하게 외국인과 의사소통할 수 있도록 해줄 것이다. 필요하다고 생각해 지금은 무리하게 열심히 하지만, 향후 기술의 진보를 고려할 때 불필요해질 수도 있음을 분명히 해두어야 한다.

역으로 영어를 잘 하고 좋아하는 사람들은 열심히 공부하면 된다. 자동번역기보다 빠르고 정확하게 의사소통할 수 있다면 더욱 그렇다. 나아가 어학을 배우는 것은 인생을 풍요롭게 한다.

단지 영어뿐만 아니라 악기의 연주와 영화 감상, 여행 등 인생을 풍요롭게 하는 수단은 여러 가지가 있다. 재능이 없는 사람을 포함해 국민 전체가 악기를 숙련할 필요가 없는 것과 마찬가지로, 국민 전체가 무리하게 장기간 영어 공부를 할 필요는 없는 것이다.

접객 로봇으로의 응용

AI의 언어이해는 자동 번역이나 통역과 같은 정보 공간에서의 일뿐만 아니라, 실제 공간에서의 일에도 큰 영향을 미칠 수 있다. 말을 이해할 수 있는 AI가 로봇에 탑재되면 접객 로봇으로도 이용할 수 있다.

가령 레스토랑에서 손님이 "저쪽 자리로 옮겨도 됩니까?"라고 물을 때, 로봇이 '저쪽'이나 '자리'가 의미하는 바를 이해하지 못하면 이 상황에 대응할 수 없다. 인공무능을 탑재한 로봇으로는 이러한 접객을 할 수 없다.

정보 공간에서는 인공무능이라도 대응할 수 있는 커뮤니케이션이 많으나, 실제 공간에서 AI가 로봇의 두뇌로 작동하기 위해서는 의미를 이해해야만 한다. '자리'라고 할 때, 인간이 앉을 수 있는 의자의 이미지를 떠올릴 수 있어야 한다. 그 자체, 우리가 생각하는 단어의 의미다.

실제 공간에서 이러한 커뮤니케이션을 요구하는 업무는 대단히 많기 때문에, AI의 기술진보가 언어이해의 장벽을 넘어선다고 한다면 그 영향력은 예상을 뛰어넘을 것이다. 접객업뿐만 아니라 건설업과 돌봄(요양)의 현장에서도 로봇이 인간처럼 일할 수 있을 것이다.

5. 2030년: 인간 수준의 AI의 출현?

인간 수준의 AI 연구는 이미 시작되고 있다.

선진적인 AI의 연구자가 언어이해의 벽을 극복한 다음 꿈꾸는 것은 '범용AI'를 실현하는 것이다. AI는 크게 '특화형 AI'와 '범용AI'로 나누어 볼 수 있다.

시리와 알파고 등 오늘날 세상에 존재하는 AI는 모두 '특화형 AI'인데, 하나 혹은 몇가지 특화된 임무만을 소화한다. 시리는 인간의 질문과 요구에 대해 응답할 뿐이고, 알파고는 바둑을 둘 뿐이다.

바둑과 체스에서 AI가 인간 챔피언을 물리쳤다고 해도, AI가 특화형인 한에서는 인간의 지성을 따라잡았다고 말할 수는 없다. 왜냐하면 인간은 일단 학습하면 바둑을 두고 대화를 하고 사무작업을 하는 등, 여러 가지 임무를 소화할 수 있기 때문이다.

AI가 인간과 같은 범용적 지성을 갖게 된다면 비로소 인간과 동격의 지성을 갖게 되었다고 말할 수 있다. 그러한 AI를 '범용AI'라 부른다. 하나의 AI가 바둑을 두고, 회화를 하고, 사무작업을 하는 등등의 일을 할 수 있다. 범용AI는 연구개발의 도정에 있고 아직 이 세계에 존재하지는 않는다.

그러나 2014년 무렵부터 세계적인 개발전쟁이 시작되고 있다. 가령 알파고를 개발한 '구글 딥 마인드'는 범용AI의 실현을 목표로 하고 있다. 알파고는 범용AI에 이르는 도정에서 최초의 이정표에 불과하다.

일본에서도 범용AI의 실현을 위해 일하는 NPO법인 '전뇌 아키텍처 이니셔티브'가 2015년 8월에 설립되었고, 도완고ドワンゴ 인공지능연구소 소장인 야마카와 히로시山川宏[7]씨와 도쿄대학의 마쓰오 유타카 교수 등 일본을 대표하는 AI 연구자가 이 조직을 이끌고 있다.

'전뇌 아키텍처 이니셔티브'는 2030년에 범용AI 연구개발의 목표를 달성한다는 전망을 제시하고 있다. 마찬가지로 범용AI 개발을 하고 있는 체코기업 '굿AI(GoodAI)'[8]도 2030년을 실현 목표연도로 잡고 있다.

---

7 역주-야마카와 히로시(1946~)는 일본의 공학자로 전 와세다대학 교수다. 연구 분야는 로봇공학, 인공지능 등이다.

8 역주-굿AI는 체코의 프라하에 있는 일반 인공지능을 추구하는 연구개발 회사다.

범용AI는 인간 그 자체를 대체할 수 있다

2030년 무렵에 범용·AI(와 범용로봇)가 출현한다면, 그 이후 많은 인간의 일자리가 없어질 가능성이 있다.

인간의 지성은 범용이어서 잠재적으로 어떠한 임무라도 소화할 수 있다. 인간의 노동력은 연체동물처럼 스스로 형태를 변화시키면서 다양한 직업에 대응할 수 있다.

따라서 특화형 AI가 하나의 일자리를 뺐는다 해도 실업자는 다른 일자리로 전환할 수 있다. 달리 표현하자면 특화형 AI는 하나의 일자리(혹은 그 직업 안의 한 임무)를 대체하지만, 인간 그 자체를 대체할 수는 없다.

그에 비해 범용AI는 범용 지성을 가진 인간이라는 존재 그 자체를 대체할 수 있다. 범용AI도 연체동물처럼 스스로의 형체를 변화시키면서 다양한 일자리에 대응할 수 있다. 그러한 상황에서 범용AI로봇의 비용이 인간의 임금보다 낮아지면, 모든 일자리에 인간 대신에 범용AI로봇이 고용될 것이다.

새로운 일자리가 생긴다고 해도 범용AI로봇이 곧 그 일자리에 적응하여, 인간을 추방해버릴 가능성이 있다. 그러나 범용AI로봇이 인간을 모방할 수 있다고 해도 인간과 완전히 동일한 행동을 할 것이라고 단언할 수는 없다.

언뜻 보기에 미세한 차이가 실제 노동현장에서는 커다란 차이로 드러날 수 있다. 도대체 범용AI로봇은 인간의 어디까지 근접할 것인가? 이것이 이 책의 주제다.

6. 기술적 특이점singularity은 올 것인가?

인간을 능가한 초超AI로

범용AI가 등장한 바로 그 순간에 인간의 지성을 훨씬 능가하는 초AI로의 진화도 가능할 것이라고 보는 견해도 있다. 그것은 다음과 같은 생각이다.

범용AI라면, 프로그래밍 능력도 갖고 (범용)AI의 개발도 할 수 있을 것이다. (범용)AI가 자기보다도 약간 똑똑한 AI를 만들 수 있다면, 그 똑똑한 AI가 자기보다 더욱 더 똑똑한 AI를 만들 것이다. 이러한 과정을 빠른 속도로 반복하면, 어느 순간 초인공지능人工超知能/초AI로의 진화가 이루어실 것이다. 이것을 '지능 폭발' 혹은 '싱귤래리티singulari-ty(기술적 특이점)'라 한다.

최근 '기술적 특이점'이란 말이 서적과 인터넷 글들에서 빈번히 거론되고 있는데, 이 말은 이미 50년 전부터 사용되었다.

싱귤래리티를 '기술적 특이점'이라는 의미로 처음 사용한 이는 수학자이자 물리학자, 경제학자인 존 폰 노이만John von Neumann[9]이었다. 다만 그는 대담 속에서 싱귤래리티를 잠깐 언급하고 넘어갔지만 말이다.[10]

---

9   역주-존 폰 노이만(1903~1957)은 헝가리 출신의 미국의 수학자, 물리학자, 경제학자로, 양자역학, 함수해석학, 집합론, 위상수학, 컴퓨터공학, 기하학, 수치해석, 경제학, 통계학 등 다양한 분야에 걸친 업적을 남겼으며, 특히 연산자이론을 양자역학과 연결한 것으로 유명하다. 그리고 디지털 컴퓨터의 발전, 핵 개발에도 커다란 족적을 남겼다.

10   저자주 1-미국의 수학자 스타니스와프 울람Stanislaw Marcin Ulam과의 대담.

그후 영국의 수학자 I. J. 굿Irving John Good[11]이 1965년에 "최초의 초지적超知的 기계에 관한 추측"이라는 논문에서 인간을 뛰어넘는 초지적 기계가 발명되면, 이 기계는 자기보다 똑똑한 기계를 만들 것이고, 그것을 반복함으로써 순간적으로 인간이 완전히 도달할 수 없는 수준의 지적 기계가 탄생할 것이라고 하였다. 즉 '지능 폭발'을 예언한 것이다.

기술적 특이점에 대해서 공식적인 장에서 처음 확실하게 논의한 것은 미국의 수학자이자 SF 작가인 버너 빈지Vernor Steffen Vinge[12]였다. 빈지는 1983년에 발표한 논문 "도래할 기술적 특이점"에서 컴퓨터 하드웨어의 발달로 늦어도 2030년에는 인간을 넘어선 인공적 지성이 탄생하고, 뒤이어 지능 폭발이 일어날 것이라고 말한 바 있다.

그 외에도 싱귤래리티를 논한 저명한 학자로는 미국의 AI로봇 연구자인 한스 모라벡Hans Moravec[13]을 들 수 있다. 1988년 모라벡은 '무어의 법칙'에 기초하여, 2040년에는 '인간 수준의 지성'을 지닌 만능로봇

---

11 역주-어빙 존 굿(1916~2009)은 영국의 수학자로 2차 대전 중 암호 해독가로 활동했고, 전후 맨체스터대학에서 컴퓨터 설계와 베이지언 통계학 작업에 참가했다. 그후 미국으로 이주해 버지니아공과대학 교수가 되었다.

12 역주-버너 빈지(1944~)는 미국의 수학자, 컴퓨터과학자, SF 작가로 기술적 특이점에 대한 아이디어를 넓게 보급시킨 인물이다. 1983년에 발표한 저서 『도래하는 기술적 특이점: 탈인간 시대의 생존방법 *The Coming Technological Singularity: How to Survive in the Post Human Era*』에서 기술의 기하급수적 발전은 우리가 상상할 수 없는 지점에 이를 것이라고 지적한 바 있다.

13 역주-한스 모라벡(1948~)은 오스트리아 출신의 미국의 로봇 학자로, 카네기 멜론대학 부설 로봇연구소The Robotics Institute의 교수다. 그는 로봇 기술과 인공지능에 대한 전문가로 『마음의 아이들』(1998), 『로봇: 단순한 기계에서 초월적 마음으로*Robot: Mere Machine to Transcendent Mind*』(1998) 등의 저작에서 무어의 법칙을 통한 인공지능의 발달과 이것이 로봇공학에 미칠 영향 등을 예측하였다.

이 나타날 것이라고 말하였다.

'무어의 법칙'이란 '인텔 인사이드'의 반도체 회사 '인텔'의 설립자 고든 무어가 제창한 가설로 하나의 칩에 집적되는 트랜지스터의 수가 1.5년에 두 배씩 증가한다는 것이다.

그에 따라 컴퓨터의 정보처리 능력도 높아지는데, 모라벡은 무어의 법칙이 이후에도 지속된다면 2040년에 컴퓨터의 정보처리 능력이 인간을 넘어설 것이라고 하였다. 그때 인류는 기계에게 지구의 패권을 넘겨주어야만 할 것으로 모라벡은 비관하였다.

인간과 컴퓨터가 융합하는 미래

현재 싱귤래리티의 제창자로 가장 유명한 사람은 미국의 저명한 발명가 레이 커즈와일이다. 커즈와일은 기술적 특이점이 2045년에 도래할 것이라고 예측했다. 〈그림 1-2〉는 커즈와일이 그의 저서『기술적 특이점이 온다: 인류가 생명을 초월할 때』에서 밝힌 바다.

〈그림 1-2〉의 세로축은 1,000달러(약 100만원)로 구입할 수 있는 컴퓨터가 1초 동안 실행할 수 있는 명령의 수다. 단위는 MIPS(밉스)인데 1MIPS로 매초 100만 개의 명령이 실행된다.

2017년 시점에서 1,000달러짜리 컴퓨터의 계산 속도는 쥐의 뇌와 비슷한 정도지만, 2025년에는 인간 한 사람의 뇌에, 2045년에는 전 인류의 뇌에 비견할 정도가 될 것이다. 요컨대 2045년에는 가전 마켓에서 손쉽게 살 수 있는 개인 컴퓨터 하나로 전인류의 뇌와 동일한 정도의 정보처리가 가능해진다는 것이다.

커즈와일은 모라벡과 마찬가지로 무어의 법칙에 기초해 〈그림 1-2〉와 같은 예측을 제시하면서 기술적 특이점을 논하고 있다. 다만 모라벡과는 달리, 기계가 인간을 대신해 지구를 지배할 것이라는 비관적인 전망을 하지는 않는다.

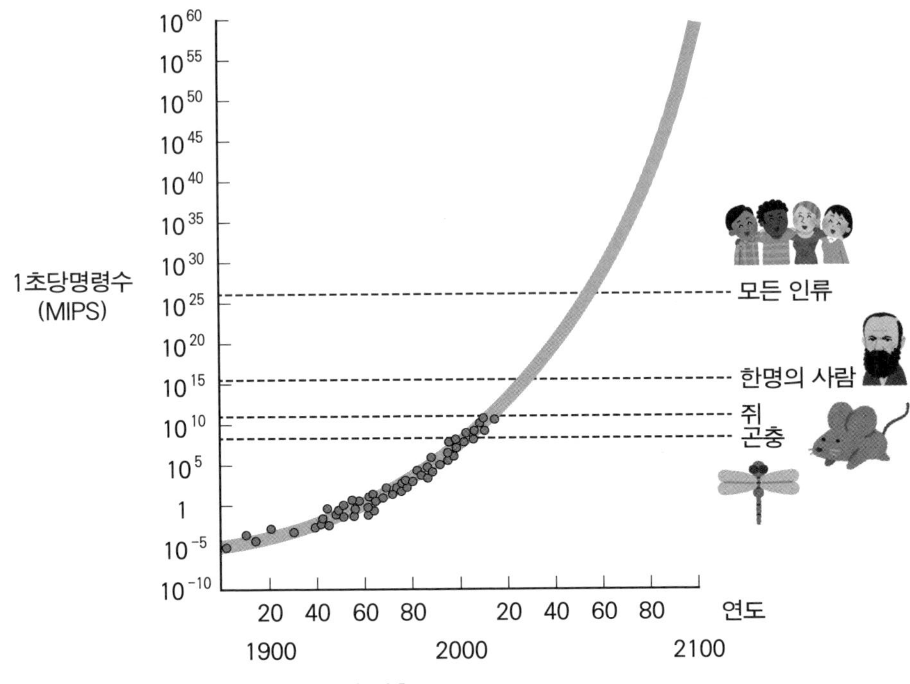

그림 1-2   컴퓨터 처리속도의 예측

왜냐하면 인간도 컴퓨터와 융합함으로써 역량을 대폭 키울 것으로 예측되기 때문이다. 뇌에 칩을 이식함으로써 인간이 컴퓨터를 내장內藏한다든지, 역으로 인간의 의식을 컴퓨터에 업로드할 수도 있다.

이렇듯 컴퓨터와 융합한 새로운 인간을 커즈와일은 '포스트휴먼 post-human'이라 부른다. 싱귤래리티에는 이 포스트휴먼이라는 개념이 포함되는 경우도 있다.

기술적 특이점의 유형

이렇게 보면 싱귤래리티에는 적어도,

    (1) 지능 폭발형(굿, 빈지)

    (2) 무어의 법칙형(모라벡, 커즈와일)

(3) 포스트휴먼형(커즈와일)

등 세가지가 있다.

이 가운데 '무어의 법칙형'은 컴퓨터 하드웨어의 관점에서 싱귤래리티를 논한 것이다. 하드웨어가 전인류의 뇌를 능가하면 예측할 수 없을 정도의 싱귤래리티가 일어날 거라는 것이다.

다만 무어의 법칙이 향후 계속될 거라는 보증은 없다. 왜냐하면 원리상 트랜지스터의 크기가 원자보다 작아질 수는 없기 때문이다.

그러나 지금까지 2차원으로 트랜지스터를 배치하는 집적회로를 3차원으로 만들거나, 혹은 양자 컴퓨터의 형태로 처리 속도가 끊임없이 향상될 것이라고 보는 관점도 있다.

다른 한편 지능 폭발형은 소프트웨어의 관점에서 논한 것이다. 이 책의 주제와 직결되는 것은 바로 이 지능 폭발형이다. 대저 인간은 인간보다 똑똑한 AI를 만들 수 있는가? 그 똑똑한 AI는 자기보다도 훨씬 똑똑한 AI를 만들 수 있을까?

이에 대해서는 제5장에서 차분히 논할 것이다.

AI의 역사를 통해, AI의 정체를 밝힌다

0. 이 장에서 설명할 것

범용 AI와 같이 인간 수준으로 사고하는 AI를 만들 수 없다는 주장도 있다. 그 이유는 컴퓨터는 논리적인 연산을 하는 기계지만, 인간은 주관에 기초해서 직관적인 판단을 하기 때문이다.

20세기 AI 연구의 기본적인 패러다임(생각의 프레임워크)은 '기호적 접근+논리적 접근'이었다. 그것은 인간의 사고가 기호를 사용한 논리적 추론이라고 보았기 때문이다.

이 생각이 올바르다면, 컴퓨터의 소프트웨어인 AI가 인간처럼 사고하는 것은 비교적 쉬운 일이다. 어쨌든 컴퓨터 그 자체가 수리적, 논리적인 연산을 하는 기계이기 때문이다.

그러나 20세기에는 1960년대에 AI의 제1차 붐이 있었고, 80년대에 제2차 붐이 있었지만, 두 번 모두 붐으로 끝나버렸다. 따라서 인간의 지능에 비견되는 AI를 만들어낼 수는 없었다.

그 이유는 기호를 사용한 논리적 추론뿐만 아니라 직관적인 판단도 인간의 지성을 구성하는 중요한 요소였기 때문이다. 그 점에 대해 AI

연구자들 사이의 생각의 차이가 컸다.

그렇다면 논리적인 연산기계인 컴퓨터로 인간의 생각을 재현할 수 없을까? 사실은 컴퓨터로도 직관적인 사고를 행하는 AI를 작동시킬 수 있다.

21세기인 지금 진행되고 있는 제3차 AI 붐의 주역은 '심층학습'이라는 기술이다. '심층학습'은 인간 뇌의 신경계 구조를 모방한 '인공신경망'이라는 AI 기술의 일종으로, 컴퓨터가 직관적인 사고를 하도록 하는 기술이다.

이 장에서는 AI의 역사를 통해서 AI의 정체를 명확히 할 것이다. 여기서 우리는 21세기의 AI 패러다임이 20세기와는 완전히 달라진다는 점에 주의해야 한다.

1. 인간의 사고를 기계화하려는 시도

사고는 기호조작에 불과한 것일까?

기계가 사고하도록 한다는 발상은 컴퓨터가 출현하기 훨씬 이전부터 존재하였는데, 적어도 17세기 독일 철학자이자 수학자, 그리고 정치가이기도 한 고트프리트 라이프니츠Gottfried Wilhelm Leibniz[14]까지 거슬러 올라간다.[15]

---

14 역주-고트프리트 빌헬름 라이프니츠(1646~1716)는 독일의 철학자이자 수학자로 무한소 미적분을 만들었고, 기계적 계산기 분야에서 많은 발명 (라이프니츠 휠)을 하였고, 나중에 디지털 컴퓨터의 기반이 되는 이진법 체계를 발전시켰다.

15 저자주 2-나아가 13세기의 라몬 유이Ramon Llull(1232~1315, 카탈류

라이프니츠는 개념에 기호(알파벳)를 할당하고 그 기호를 조작함으로써 인간의 사고를 재현할 수 있을 것이라고 생각했다. 그는 "다음과 같은 훌륭한 생각"에 이르렀다고 자화자찬하고 있다.

인간의 일정한 사상에 대한 알파벳을 도출해낼 수 있고, 그 알파벳 문자의 결합과 그 문자로 만들어지는 단어를 분석함으로써, 모든 것을 발견하고 판단할 수 있다.(라이프니츠『보편적 기호법』)[16]

이러한 방법론을 '아르스 콤비나토리아Ars Combinatoria(결합법)'[17]라 부른다. 나아가 라이프니츠는 이렇게도 말한다.

만약 확립된 기호학을 갖게 된다면 우리는 형이상학에서도 숫자에서와 마찬가지로 확실한 추론이 가능할 것이다.
계산이란 기호에 의한 조작operatio per characteres 그 자체이기 때문이다. 그리고 기호에 의한 조작은 단지 양에 관한 것뿐만 아니라 다른 모든 추론에도 적용된다.(라이프니츠 〈치른하우스에 대한 서한〉)[18]

어려운 철학적 논의도 기호조작으로 치환될 수 있으며, 수학 문제

나의 시인이자 신비주의자)로까지 거슬러 올라간다.

16　저자주 3-ゴットフリート·ライプニッツ著, 山下正男、小林道夫、谷本勉訳. 『中国学、地質学、普遍学(ライプニッツ著作集)』. 工作舍.

17　역주-라이프니츠가 그의 저서 *De Ars Combinatoria*에서 서술한 논리적 방법론으로, 그것은 라몬 유이에서 연원한다.

18　저자주 4-ゴットフリート·ライプニッツ著, 伊豆蔵好美訳. 〈チルンハウスへの書簡〉(『哲学ライプニッツ普遍記号学』. 哲学書房).

를 푸는 것처럼 진리를 도출할 수 있다는 생각이다. 라이프니츠는 이러한 지知의 존재방식을 '보편적 기호학'이라 부른다.

라이프니츠의 보편적 기호학이 타당하다면, "~은 ~이다"라는 명제를 표현한 형식언어를 기계로 읽혀서 가동시키면, 무한히 많은 세계의 진리를 만들어낼 수 있다.

라이프니츠의 컴퓨터와 AI

그리고 라이프니츠는 "0과 1의 숫자만을 사용하는 2진법 산술의 해설 및 이 산술의 효용과, 중국 고대로부터 전해오는 복희伏羲 그림을 해독함에 있어서 이 산술의 공헌에 대하여"라는 제목은 길지만 본문은 짧은 논문에서, 0과 1로 구성된 2진법을 제창해 200년 이상 지난 후에 디지털 컴퓨터의 발명에 영향을 주었다.

복희 씨는 중국의 전설적인 왕, 즉 현자賢者인데, 한자를 발명하고 중국의 전통적인 점 '역易'에 관한 책 『역경易經』을 썼다고 전해진다. 역에서 사용되는 도형인 팔괘八卦는 〈그림 2-1〉과 같이 점선과 실선으로 이루어져 있다.

라이프니츠는 이 논문에서 팔괘의 점선을 0, 실선을 1로 간주해 2진법으로 도형을 해독할 수 있다고 보았다. 중국에 매료된 라이프니츠는 자신이 고안한 2

팔괘	이진수	십진수
	0	0
	1	1
	10	2
	11	3
	100	4
	101	5
	110	6
	111	7

그림 2-1　팔괘와 이진법

진법과 같은 표기법이 기원전 3천 년의 중국에 이미 존재했다고 주장하였다.

라이프니츠는 나아가 기계식 계산기를 개발하였다. 17세기 프랑스 철학자이자 수학자인 블레즈 파스칼Blaise Pascal[19]이 발명한 기계식 계산기 '파스칼 라인Pascal line'은 덧셈과 뺄셈만 가능했다. 라이프니츠는 이것을 개량하여 곱셈과 나눗셈도 할 수 있도록 만들었다. 이 계산기는 현대 컴퓨터의 먼 선조라고 할 수 있다.

어쨌든 사고하는 기계를 만들려는 라이프니츠의 꿈을 실현시키기 위해서는

(1) 논리적 추론과 수학 계산을 기계적인 기호조작으로 행한다.
(2) 그러한 기호조작을 실제 기계를 통하여 행한다.
(3) 인간의 다양한 사고를 논리적 추론과 수학 계산으로 치환한다.

는 세 가지가 가능해져야 한다.

이것이 모두 갖추어지면 컴퓨터에서 작동하는 AI가 실제로 인간처럼 사고할 수 있게 된다. (1)과 (2)는 이미 가능해져 있지만, (3)의 연구는 잘 아는 바와 같이 아직 발전도상에 있다. 만약 가까운 미래에 인간 수준의 AI가 만들어진다고 한다면, 라이프니츠가 품었던 엉뚱한 구상이 400년의 시간이 흘러 현실화된 것이다.

---

19 역주-블레즈 파스칼(1623~1662)은 프랑스의 철학자이자 수학자, 과학자, 발명가로 다양한 업적을 남겼는데, 특히 수학 영역에서는 파스칼의 삼각형과 파스칼의 정리로 유명하며, '파스칼 라인'이라는 최초의 계산기를 발명했다. 이것은 최초의 수동식 기계 계산기로 덧셈과 뺄셈만 가능했는데, 기어로 연결된 바퀴판들로 덧셈과 뺄셈을 했다.

해석기관Analytic Engine

라이프니츠의 철학 저작의 다수는 사후 150년 남짓 공개되지 않았기 때문에, 기계로 하여금 사고하도록 한다는 라이프니츠의 꿈을 실현할 후계자가 곧 나타나지는 않았다.

19세기 이후에야 논리적 추론과 수학 계산을 기계적인 기호조작으로 보는 사고방식이 등장하여 영국의 수학자 찰스 배비지Charles Babbage[20]가 계산하는 기계를 만들려고 시도하였다.

배비지는 1812년에 수학자인 조지 피콕George Peacock[21]과 함께, 라이프니츠의 미적분학을 보급시키기 위한 조직인 '해석학협회'를 설립했다.

미적분학은 17세기에 라이프니츠와 뉴턴이 동시에 고안했지만, 유럽 대륙에는 라이프니츠의 기호법이 보급되었고, 영국에는 뉴턴의 기호법이 보급되었다.[22]

라이프니츠의 기호법이 '기호조작'으로 계산을 자유롭게 할 수 있었기에 보다 우수했는데, 영국은 대륙에 비해 뒤처져 있었다. 해석학협회는 영국에 라이프니츠 미적분학을 확산시키는데 커다란 공헌을 했다.

배비지는 이 해석학협회의 활동 중에 기계에게 계산을 시키는 아이디어가 떠올라 '해석기관Analytic Engine'이라는 범용적인 계산기계를

20　역주-찰스 배비지(1791~1871)는 영국의 철학자이자 발명가, 기계공학자로서 '프로그램이 가능한 컴퓨터'를 최초로 개념화시켰다. 배비지는 기계식 컴퓨터를 최초로 발명했는데, 여기서 출발해 다양하고 더욱 복잡해진 기계형 컴퓨터들이 등장했다.

21　역주-조지 피콕(1791~1858)은 영국의 수학자로 캠브리지대학의 교수를 역임했고, 1830년에 『대수학*Treatise on Algebra*』을 출판했다.

22　저자주 5-dy가 라이프니츠의 기호법이고 y가 뉴턴의 기호법이다.

만들려 했다고 전해진다.

‘해석기관’은 증기기관을 동력으로 하고, 수치를 저장하는 기억장치와 덧셈 및 뺄셈 등 사칙연산을 하는 연산장치를 갖춘 기계로 설계되었다. 나아가서는 프로그램이라는 복잡한 명령을 실행할 수 있도록 설계되었다.

결국 자금난 등으로 해석기관의 계획은 좌절했지만, 오늘날과 같은 컴퓨터가 등장하기 100년 이상 전에 이루어진 이 선구적인 시도로 배비지는 ‘컴퓨터의 아버지’라고 불리우게 되었다.

불 논리|Boolean Logic

다른 한편 피콕은 대수학을 기호조삭으로 인식해야 한다는 주장을 했는데, 그것을 영국의 수학자인 조지 불George Boole[23]이 ‘불 논리’로 계승하였다.[24] 1854년에 발표된 불의 논문에 따르면, 논리연산은 0과 1이라는 두 값의 계산으로 나타낼 수 있다고 한다.

우선 명제가 참이라면 1, 거짓이라면 0으로 표시하기로 하자. 가령 명제 A를 “지구는 태양의 주위를 돈다”고 하면, 명제 A는 참이므로

23 　역주-조지 불(1815~1864)은 영국의 수학자이자 논리학자로 불 대수를 개발해 기호논리학 분야에 큰 족적을 남겼다. 그는 논리와 추론을 수학적으로 다루어, 『논리와 확률의 수학적 이론을 정초하는 사고법칙에 대한 조사An Investigation into the Laws of Thought on which Are Founded the Mathematical Theories of Logic and Probabilities』라는 큰 업적을 남겼다.

24 　역주-불 논리는 19세기 중반 논리의 대수계를 처음으로 정의한 조지 불에서 연원한 말이다. 1938년 클로드 섀넌Claude Shannon이 불 논리를 릴레이에 의한 전기회로로 구현하는 방법을 고안했는데, 이는 디지털 컴퓨터의 필수적인 전단계였다.

A=1이 된다. 명제 B를 "태양은 지구의 주위를 돈다"고 하면, 명제 B는 거짓이므로 B=0이 된다.

"A and B"는 "A 그리고 B"라는 의미로, 이 경우 A가 참이고 B가 거짓이므로, 전체적으로 거짓이 된다. and를 '×'로 표시하면, 'A×B=0'이 된다. ×를 곱[積], 즉 곱셈을 나타내는 기호로 해석해도 된다. 1×0=0이기 때문이다. 이러한 연산을 'AND연산' 혹은 '논리곱'이라 한다.

"A or B"는 "A 혹은 B"를 의미하는데, 이 경우 A가 참 혹은 B가 거짓이기 때문에, 전체적으로는 참이 된다. or을 '+'라는 기호로 나타내면 'A+B=1'이다. '+'를 합[和], 즉 덧셈을 나타내는 기호로 해석해도 된다. 1+0=1이기 때문이다. 이러한 연산을 'OR연산' 혹은 '논리합'이라 부른다.

이외에 'not A'와 같은 'NOT연산'이 있다. 이것은 '$\overline{A}$'로 나타내 0을 1로 변환하고 1을 0으로 변환한다. A=1이라고 한다면 $\overline{A}$=0이고, B=0이라면 $\overline{B}$=1이다.

이러한 불 논리는 80년 가까이 지나서 클로드 섀넌Claude Elwood Shannon[25]이 전기회로로 구성할 수 있음을 밝혀냈고, 그것이 곧 컴퓨터 탄생의 계기가 되었다.

수리논리학의 탄생

불 논리는 논리적 추론을 계산처럼 행하는 '추론계산', 즉 라이프니츠

---

25   역주~클로드 엘우드 섀넌(1916~2001)은 미국의 전기공학자이자 수학자로 정보이론 분야의 선구자다. 그는 "커뮤니케이션의 수학 이론A Mathematical Theory of Communication"이라는 논문을 통해 정보이론을 개척했고, 특히 불 논리를 전기회로로 구현하는 장치를 발명하여 디지털 회로이론을 만들었다.

구상의 연장선상에 있다고 말할 수 있다. 오늘날에는 논리학을 수학적으로 다루거나 역으로 수학을 논리학적으로 다루는 분야를 '수리논리학'이라 부른다. 불 논리는 말하자면 최초의 수리논리학이다.

수리논리학은 19세기 독일의 수학자 고틀로프 프레게Friedrich Ludwig Gottlob Frege[26]가 비약적으로 발전시켰다. 그런 이유로 프레게는 현대적인 수리논리학의 시조라고 불리운다. 프레게는 '술어논리述語論理'라는 현대적인 논리학을 만들어냈다.

예를 들어

(1) 타마는 고양이다.
(2) 고양이는 운다.
(3) 타마는 운다.

는 3개의 글(명제)이 있다면, (1)과 (2)를 전제로 (3)의 결론을 도출할 수 있다.

타마는 고양이고, 고양이라면 울고, 따라서 타마는 운다. 당연하다면 당연하다. 그러한 추론을 특히 '삼단논법'이라 부른다.

각각을 술어논리로 쓰면

26　역주-프리드리히 루트비히 고틀로프 프레게(1848~1925)는 독일의 철학자이자 수리논리학자로, 근대수리철학과 분석철학의 기틀을 마련했다. 그는 1879년에 『개념표기법: 순수 사고의 산술적 형식언어 모형』에서 기존의 명제논리 체계를 술어논리로 확장했고, 명제논리와 술어논리를 나타내기 위한 형식언어를 개발했다. 그리고 그는 수학이 논리학으로 전환될 수 있다는 작업을 하여 수리논리학의 기반을 정초하였다.

(1) Cat(Tama)

(2) ∀x(Cat(x) → Cry(x))

(3) Cry(Tama)

와 같이 된다. ∀는 '전칭기호全稱記號'라 불리우는데 '모두'를 의미한다. 즉 (2)는 "모든 고양이는 운다"는 의미다. 술어논리를 사용하면 수학의 명제를 정확히 논리식으로 표현할 수 있다.

형식주의와 그것의 파산

그 때문에 20세기에 들어서면, 수학을 '형식화'하려는 시도가 활발히 이루어진다. 형식화라는 것은 수학을 논리적으로 표현해 기호화하고, 더 나아가 '공리'에 삼단논법과 같은 '추론규칙'을 적용함으로써 모든 수학 명제를 기계적으로 도출하려는 시도다.

　'공리'는 "1은 자연수다"처럼 당연히 참인 가정이다. 그리고 수리논리학의 업계에서는 1은 0의 다음 숫자이기 때문에 'S0'으로 표하기도 한다. 'S'는 'Successor'의 약자略字고 '후속수' '나중에 이어지는 수'를 뜻한다. 2는 0의 다음다음 숫자이기 때문에 'SS0'이라 표현한다. 3은 'SSS0'이다. 이렇듯 수학을 기호화하는 것은 수학에서 의미를 제거하는 것을 의미한다.

　'S'에는 일단 후속수라는 의미가 있지만, 수리논리학에서는 이것을 단순한 기호로 생각한다. 형편에 따라서는 'S' 대신에 '★'이라는 기호를 사용해도 된다. 2는 '★★0', 3은 '★★★0'이다.

수학의 명제는 가령,

4 이상의 짝수는 2개의 소수素數의 합으로 표현된다.

와 같은 것이다. 4=2+2, 6=3+3, 8=5+3이며, 확실히 이러한 짝수는 모두 소수의 합으로 표현된다.

사실 이 명제는 '골드바흐의 추측Goldbach's conjecture'[27]이라 불리우는데, 아직 정확한지 여부가 확인되어 있지 않다. 결국 증명도 반증(부정의 증명)도 되지 않은 상태인데, 그것이 불가능하다고 확정된 것도 아니다. 수학이 형식체계로 완전하려면, 이러한 명제가 모두 증명되든지, 아니면 반증되어야 한다.

독일의 수학자 다비트 힐베르트David Hilbert[28]는 '형식주의'를 제창해 수학의 형식화를 주도했는데, 그 계획은 오스트리아 수학자 쿠르트 괴델Kurt Gödel[29]이 '불완전성의 정리'를 제시함으로써 망가져버렸다.[30]

27　역주-1742년 독일의 수학자 크리스티안 골드바흐Christian Goldbach가 당시 수학자로 유명했던 레온하르트 오일러Leonhard Euler에게 보낸 편지에서 몇가지 추측을 제안했다. "2보다 큰 모든 짝수는 두 소수의 합으로 표현할 수 있다.""5보다 큰 모든 정수는 세 소수의 합으로 표현할 수 있다." 이는 페르마의 대정리, 4색정리 등과 더불어 20세기 최대의 난문으로 주목되었지만, 숱한 증명 시도에도 불구하고 21세기 현재 아직 증명되지 않았다.

28　역주-다비트 힐베르트(1862~1943)는 독일의 수학자로 기하학을 공리화하고, 힐베르트 공간을 정의하여 함수해석학의 기반을 다졌다. 불변식론, 추상대수학, 대수적 정수론, 적분방정식, 기하학의 공리계연구, 일반 상대성이론 등에 걸쳐 다양한 연구업적을 남겼고, 그의 공리론과 수학의 무모순성의 증명에 대한 계획을 '힐베르트 프로그램'이라고 부른다.

29　역주-쿠르트 괴델(1906~1978)은 오스트리아의 수학자이자 논리학자로 불완전성의 정리로 유명하다. 그는 완전성의 정리와 불완전성의 정리, 연속체 가설 등에 관한 연구로 널리 알려져 있다.

30　저자주 6- 프레게Friedrich Ludwig Gottlob Frege는 수학을 논리학으로 환

괴델은 불완전성의 정리로 증명도 반증도 할 수 없는 명제가 있음을 증명하였다. 이 정리에 대해서는 제5장에서 다시 논하겠다.

수학이 완전한 형식체계라면 수학에 관한 명제는 모두 기호적인 조작으로 도출될 수 있다. 결국 괴델은 힐베르트뿐만 아니라 라이프니츠의 꿈마저도 부분적으로 부숴버렸다.

그러나 이것이 부정적인 것만은 아니다. 괴델과 마찬가지 시도를 한 튜링Alan Mathison Turing[31]의 연구가 의도하지는 않았지만 사고하는 기계인 컴퓨터의 탄생에 크게 공헌했기 때문이다.

2. 컴퓨터의 탄생

만능 튜링 기계

라이프니츠가 말한 바 있지만 계산과 사고가 기호의 조작 그 자체라면, 기호조작을 스스로 행하는 기계를 만듦으로써 자동적으로 계산과 사고가 이루어질 수 있다. 이 기계가 컴퓨터다.

컴퓨터는 '계산기'로 번역되지만, 파스칼과 라이프니츠가 만든 계산기와는 결정적으로 다르다. 우리가 사용하는 개인 컴퓨터와 스마트

원시키려 했다. '논리주의'라고 칭하는 그러한 시도는 러셀의 패러독스에 의해서 타파되었다.

31 역주-앨런 매티슨 튜링(1912~1954)은 영국의 수학자, 암호학자, 논리학자로 컴퓨터 과학을 선구적으로 개척한 인물이다. 튜링 기계라는 추상적 모델을 통해 알고리듬과 계산 개념을 발전시키고 컴퓨터 과학을 정립해 '컴퓨터 과학, 인공지능의 아버지'라고 불리운다.

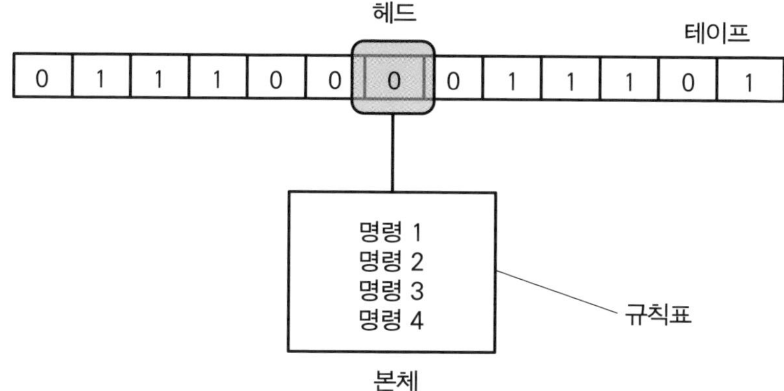

그림 2-2 튜링 기계

폰 등의 컴퓨터는 모든 기호조작을 행할 수 있는 만능계산기다.

'모든 기호조작'이란 애매한 말이지만, 컴퓨터 과학(컴퓨터 사이언스)에서는 이러한 만능계산기를 '만능 튜링 기계'라고 부른다. 이는 앨런 튜링이라는 영국의 수학자가 1936년에 발표한 가상적 기계다.

우선 '튜링 기계'란 〈그림 2-2〉처럼 규칙표와 헤드를 가지고 있다. 헤드는 무한히 긴 테이프의 매칸마다 쓰여진 '0'과 '1'이라는 기호를 읽어들이거나 써넣거나 한다.

규칙표는

명령 1: 0, P1, R, → 명령 2

라는 명령의 열께로 구성되어 있다.[32] 이 명령은 "그 칸의 기호가 0이면

---

32 저자주 7- 튜링은 '상태'라는 단어를 사용했는데, '명령instruction'이라는 말이 이해하기 쉬워서 이 책에서는 '명령'이라고 했다.

그 칸에 1을 써넣고(P1), 헤드를 오른쪽(R)으로 하나 이동시켜 명령 2로 옮겨간다"는 의미다. 이 명령을 순서대로 실행함으로써 2진법 계산을 할 수 있음은 쉽게 생각할 수 있다.

이와 같이 하나의 규칙표에 따라 작동하는 튜링 기계를 '단기능 튜링 기계'라 한다. 튜링은 이러한 가상적인 기계를 고안해서 계산이 바로 기호조작이라는 점을 분명히 보여주었다.

튜링은 라이프니츠의 꿈을 실현시키기 위한 첫 단계로 '수학 계산을 기계적인 기호조작으로 행하는 방법'을 정립하고, 두 번째 단계로서 '그러한 기호조작을 기계를 사용하여 실제로 행하는 방법'을 제시했다.

다만 단기능 튜링 기계는 10진법으로 하자면 3×5=15와 같이 한가지 정해진 계산(과제)만을 소화할 수 있다. 보다 복잡한 계산도 할 수는 있지만 단기능 튜링 기계는 모든 계산(과제)을 할 수 있는 만능 계산기가 아니다.

튜링 기계는 개인 컴퓨터에서 하나의 소프트웨어에 해당한다. 스마트폰에서는 하나의 앱이다. 그에 비해 만능계산기는 모든 소프트웨어를 작동시킬 수 있는 컴퓨터이고, 모든 앱을 가동할 수 있는 스마트폰이다.

따라서 '만능 튜링 기계'는 모든 튜링 기계의 작동을 연출할 수 있는 만능계산기다.

만능 튜링 기계도 단기능 튜링 기계와 마찬가지로 무한히 긴 테이프를 가지고 있다. 다만 명령열命令列이 본체에 포함되어 있지 않고 테이프에 씌어져 있다.

만능 튜링 기계는 테이프에 씌어진 명령을 읽어들여 그 명령대로 동작을 행한다. 따라서 만능 튜링 기계는 테이프에 명령만 씌어져 있다면, 모든 단기능 튜링 기계의 동작을 모방emulate할 수 있다.

오늘날의 컴퓨터도 이와 마찬가지로 프로그램(명령열)을 데이터로 저장했다가 불러내서 처리한다. 컴퓨터는 만능 튜링 기계를 구현한 기계인 셈이다.

그런데 튜링이 튜링 기계를 고안한 것은 사고하는 기계를 만들고 싶었다라기보다는 계산 할 수 없는 문제가 있음을 보여주고 싶었기 때문이다. 그것을 오늘날에는 '튜링의 정지성停止性 문제'라 부르는데, 괴델의 불완전성의 정리와 같은 형태의 문제임이 밝혀지고 있다. 정지성 문제에 대해서는 불완전성의 정리와 함께 제5장에서 논하겠다,

섀넌의 논리회로

오늘날의 컴퓨터는 2진법을 사용한 '디지털 컴퓨터'라는 점이 중요한 특징이다. 전전에는 전류와 전력, 혹은 수량水量이라는 '물리량'을 이용한 아날로그 컴퓨터가 자주 만들어져 사용되었다.

'디지털'이라는 것은 불연속적인 양을 표현하며, '아날로그'는 연속적인 양을 표현한다. 예컨대 디지털 시계는 12시 00분이나 12시 01분이라는 불연속적인 양을 보여준다. 그에 비해 아날로그 시계는 12시 00분부터 12시 01분에 이르는 사이에도 바늘이 움직이고 있고, 어떠한 순간일지라도 특정한 시간을 가리키고 있다.

디지털 컴퓨터는 전시부터 전후에 걸쳐서 발명되었다. 제2차 세계대전이 시작되기 직전인 1936년 미국의 수학자 클로드 섀넌이 '불 논리'를 구현한 전기회로를 만들 수 있음을 석사논문에서 입증했다. 이 전기회로를 '논리회로'라 한다. 현재의 디지털 컴퓨터는 섀넌이 만든 '논리회로'가 바탕이 되었다.

섀넌은 0과 1을 '스위치(전기회로의 개폐기)'의 온과 오프에 대응시켜, AND연산을 스위치에 직렬로 접속하고, OR연산을 병렬로 접속시켰다. 이것은 각각 'AND회로'와 'OR회로'라고 부른다.

현대 컴퓨터의 특징

이러한 'AND회로'와 'OR회로'를 조합하면 이진법의 덧셈을 행하는 '가산기加算機'와 곱셈을 행하는 '승산기乘算機'라는 '조합회로'를 구성할 수 있다.

컴퓨터의 가장 중요한 구성요소인 '연산장치'는 이러한 '조합회로'로 이루어져 있는데, 논리연산과 사칙연산을 할 수 있다.

소위 CPU(중앙처리장치, 프로세서)는 '연산장치'와 명령 및 정보를 저장하는 '레지스터' 등으로 구성된다.

프로그램의 실행은 레지스터로부터 명령을 한줄씩 읽어들여 연산장치에서 처리된다. 만능 튜링 기계와 마찬가지 방식이다.

이 방식은 '프로그램 내장방식'으로 불리는데, 노이만John von Neumann 및 몇 명의 연구자에 의해 제안되었기 때문에 '노이만방식'이라 불리기도 한다. 그러나 노이만 등은 원래 만능 튜링 기계에서 힌트를 얻었기 때문에, 오히려 '튜링방식'이라고 불러야 할 것이다.

최초의 실용적인 '프로그램 내장방식 컴퓨터'는 1949년에 완성된 EDSAC이라 알려져 있다. 오늘날의 컴퓨터는 EDSAC과 마찬가지로

(1) 2진법
(2) 프로그램 내장방식

이라는 2개의 중요한 특징을 갖고 있다. 2진법은 라이프니츠, 불, 섀넌 등이, 그리고 프로그램 내장방식은 튜링과 노이만이 각각 발전시켰다.

"컴퓨터는 모든 기호조작을 할 수 있는 만능계산기다"라고 앞에서 말했지만, 이 경우 기호는 0과 1밖에 없다. 알파벳과 한자, 동영상, 음성 등 컴퓨터가 다루는 데이터는 모두 0과 1로 치환된다.

따라서 컴퓨터는 한결같이 0을 1로 변환한다든지, 1을 0으로 변환시키는 일만을 하는 기계다. 그럼에도 불구하고 계산기라는 이름처럼 계산만 하는 것이 아니라, 텍스트와 영상을 편집하고, 동영상을 재생하는 등 다양한 일을 할 수 있다.

3. 20세기의 AI: 인간의 사고는 논리적 추론인가?

추론

컴퓨터는 발명될 당시 '계산기'라는 번역어와 마찬가지로 계산을 하는 기계였나. 군사직으로 이용할 목적으로 개발된 것들이 많았는데, 고사포나 기관포, 대포 등의 탄도를 계산하는 데 사용되었다.

그러나 불과 10년 뒤 컴퓨터에게 인간과 같은 지적 활동을 시키려는 시도가 이루어졌다. 즉 AI의 역사가 본격적으로 시작된 것이다.

'인공지능'이라는 용어는 1956년에 컴퓨터 과학자들이 미국의 다트머스대학에서 개최한 '다트머스 회의'의 제안서에서 최초로 사용되었다. 이후 시작된 AI의 첫 번째 붐에서 '추론'과 '탐색'이 중심적인 주제가 되었다.

다트머스 회의에서 미국의 AI 연구자인 앨런 뉴엘Allen Newell[33]과 허버트 사이먼Herbert Alexander Simon[34]이 프로그램 '논리이론기계Log-

---

33 역주-앨런 뉴엘(1927~1992)은 미국의 초기 인공지능 연구자로 컴퓨터 과학 및 인지심리학을 연구했다. 허버트 사이먼과 함께 개발한 정보처리언어Information Processing Language(1956)와 두 가지의 초기 AI 프로그램인 '논리이론기계Logic Theory Machine(1956)' 및 '일반 문제해결사General Problem Solver(1957)'로 유명해졌다.

34 역주-허버트 알렉산더 사이먼(1916~2001)은 미국의 정치학자, 인지

ic Theory Machine'를 발표했다. 이것은 수학의 정리를 증명하는 프로그
램이며 '추론'의 성과였다.

'추론(연역추론)'[35]에는 앞서 말한 "타마는 고양이다", "고양이는 운
다", 따라서 "타마는 운다"는 '삼단논법'이 있다.

이 추론을 컴퓨터에게 실행시키는 것은 쉬운 일이었는데, 특히
'Prolog'라는 논리형 프로그래밍 언어를 사용하면 간단히 실행시킬 수
있었다.

'Prolog'는 1980년대에 일본의 통산성이 주도하여 실시한 AI 거대
프로젝트인 '제5세대 컴퓨터'에서도 중심적인 역할을 하였다. 그러한 의
미에서 추론은 AI의 두 번째 붐 시기에도 계속 중요한 주제가 되었다.

탐색

'탐색'은 AI의 전문용어로 "목적을 달성하기 위해 수많은 경로가 있을
때, 어떠한 길을 선택하면 효율적으로 목적에 도달할 수 있을지 찾아
내는 능력"으로 정의된다. 미로와 체스, 장기 등의 게임이 탐색의 좋은
예다.

예를 들어 〈그림 2-3〉과 같은 간단한 미로가 있다고 하자. 출발점부
터 목적지까지 어떠한 경로를 선택해야 좋을지, 인간은 한눈에 직관적으
로 판단할 수 있다.

심리학자, 경영학자, 정보과학자로 대조직의 경영 행동과 의사결정에 관한
연구로 1978년 노벨 경제학상을 받았다. 그는 인공지능의 개척자이기도 한
데, 앨런 뉴엘과 함께 의사결정지원 시스템을 구축하기 위해 노력했다.

35　저자주 8-'추론'은 광의로 '연역추론'과 '귀납추론'을 모두 포함하지만,
협의로는 '연역추론'을 의미한다. 이 책에서는 협의의 의미로 쓴다.

그런데 이전의 AI는 미로의 분기점을 점A, 점B 등으로 기호화해, 〈그림 2-4〉와 같은 탐색나무를 주어야만 했다. 이 탐색나무를 사용해 출발점부터 모든 경로를 탐색하고, 목표에 도착하는 경로가 '출발 → A → C → D → E → 목표'임을 도출한 것이다.

이렇듯 탐색도 추론과 마찬가지로 기호를 논리적으로 처리한다. 그것이 20세기 AI의 특징인데, 인간은 미로를 찾을 때 꼭 그렇게 하지는 않는다.

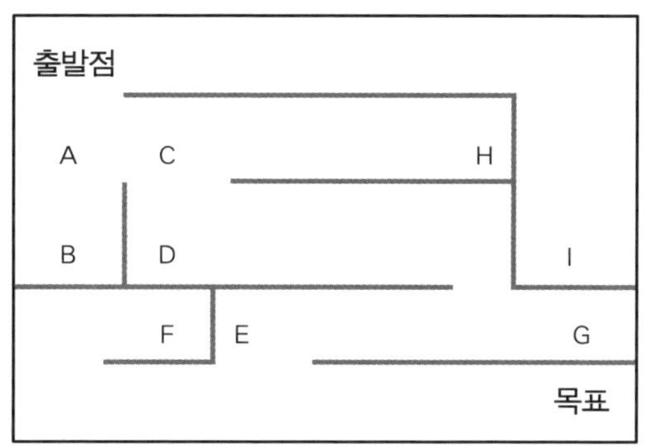

그림 2-3   미로

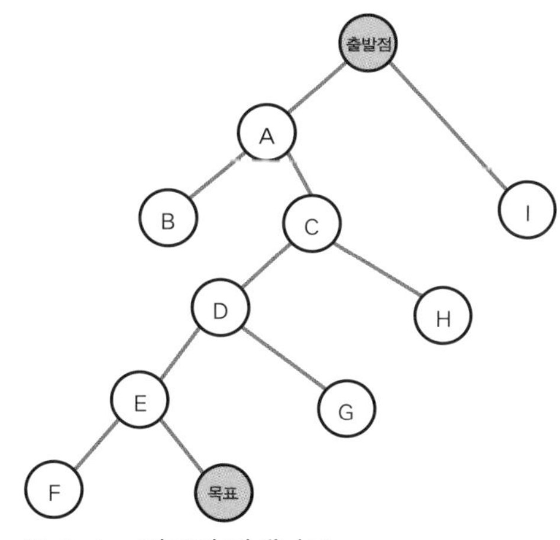

그림 2-4   미로의 탐색나무

모든 경로를 하나 하나 더듬어서 찾아가야 한다면, 미로를 찾는데 누구나 거의 동일한 시간이 걸릴 것이다. 그런데 실제로는 미로를 잘 찾는 사람과 그렇지 않은 사람이 있어서, 잘 찾는 사람은 왠지 모르게 가능성이 높은 경로를 선택해 재빨리 목표지점에 도달한다.

이 '왠지 모르게'라는 것이 핵심인데, 거의 모든 직관적인 사고는 자기 자신도 그 시스템을 설명하기 어렵다. 이렇듯 말로 표현하기 어려운 인간 지식의 형태를 헝가리의 철학자 마이클 폴라니Michael Polanyi[36]는 '암묵 지暗默知'라고 명명했다.

폴라니는 그 사례로 인간의 얼굴 인식을 든다.

> 어떤 사람의 얼굴을 알고 있을 때, 우리들은 그 얼굴을 천명, 아니 백만
> 명 중에서도 찾아낼 수 있다. 그러나 보통 우리들은 어떻게 해서 스스
> 로가 아는 얼굴을 찾아내는지 알지 못한다.(폴라니,『암묵 지의 차원』)[37]

사람과 물체의 인식, 직관적 판단은 암묵 지인데, 우리는 그 메커니
즘을 이해하지 못하면서도 실제로 하고 있다. '암묵 지'의 반대말은
'형식 지形式知'인데, 20세기 AI의 연구는 추론과 탐색 등 '형식 지'를
컴퓨터에게 행하도록 한 것이었다.

지식표현

AI의 두 번째 붐은 1980년대에 일어났는데, 그 중심적인 주제는 '지식
표현'이었다. 인간이 갖고 있는 지식을 표현하여 자동적으로 추론하도
록 하는 AI의 연구영역이다.

예컨대 1980년대에 유행한 '전문가시스템Expert system'은 전문 분야
의 지식을 흡수해 '추론엔진'으로 추론을 하는 AI다. '추론엔진'은 "~라
면 ~이다"는 규칙에 기초해 명제를 논리적으로 처리해 결과를 출력한다.

---

36 역주-마이클 폴라니(1891~1976)는 헝가리 출신의 영국의 물리학자,
사회과학자, 과학철학자로 암묵 지, 계층階層 이론 등을 제시·발전시켰는
데, 주요저서로는『암묵 지의 차원: 언어에서 비언어로』(1966),『개인적 지
식: 탈비판철학을 지향하여』(1958),『지와 존재』(1969) 등이 있다.

37 저자주 9-マイケル·ポランニー著, 高橋勇夫訳.『暗黙知の次元』, 筑摩
書房.

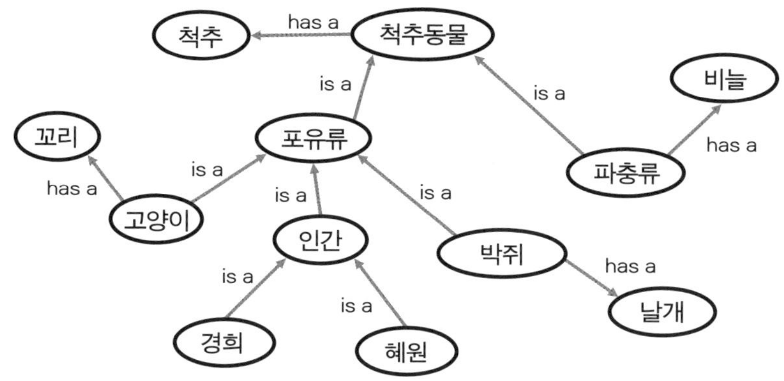

그림 2-5   의미 네트워크

'의미 네트워크'는 〈그림 2-5〉와 같이 개념 간의 관계성을 네트워크로 표현한 것이다. '인간'과 '포유류'가 "is a"의 관계로 결합되고 있는데, 이것은 "인간 is a 포유류", 즉 "인간은 포유류다"를 뜻한다. 포유류와 인간은 상위개념과 하위개념의 관계에 있다.

'파충류'와 '비늘'은 "has a"의 관계로 결합되는데, 그것은 "파충류 has a 비늘", 즉 "파충류는 비늘을 갖고 있다"를 뜻한다.

삼라만상을 이러한 네트워크로 표현하면, 인간처럼 생각할 수 있지 않을까 하는 것이 원래의 의도였다. 그러나 그 의도는 실패했다고까지 말할 수는 없지만, 막다른 골목에 봉착하였다.

그것은 무엇보다 사람 손에 의지하는 지식 획득이 한계가 있기 때문이다. 이 세계 속의 엄청난 수의 개념을 인간이 직접 입력하려 한다면 아무리 엄청난 시간을 들여도 끝낼 수 없다. 나도 학생 시절에 대학 수업에서 이 입력작업을 했던 기억이 있다. 그 작업을 하면 학점을 받을 수 있었기 때문이다.

지금의 AI는 지식 획득의 한계를 '빅데이터'로 해결하고 있다. 즉 인터넷에서 대량의 데이터를 수집하거나 혹은 시리처럼 이용자의 데이터를 축적하여 활용하기도 한다.

의미 네트워크와 같은 지식표현이 안고 있는 또 다른 문제는 원래 단어의 의미가 '의미 네트워크'로 표현될 수 있는지, 꼭 그렇게 표현해야 하는지 하는 것이다. 이것이 근원적인 문제다.

심볼 그라운딩 문제 : 고양이의 개념은 무엇인가

우리는 "고양이는 포유류다" 혹은 "고양이는 꼬리를 갖고 있다"와 같이 형식 지에 기반해 고양이를 생각할까? 그런 경우도 있겠지만 보다 빈번하게는 고양이를 실제로 보고 고양이라고 판단하거나, 혹은 고양이라는 말을 듣고 고양이의 모습을 머리 속에 떠올리든지 한다.

20세기의 AI에 결정적으로 결여되었던 것은 이러한 고양이의 이미지였다. 다시 말하면 고양이의 시각적 이미지와 고양이의 우는 소리, 고양이를 만질 때의 촉감 등 '감성데이터'가 결여되었던 것이다.

인지과학자 스티븐 하나드Steven Robert Harnad[38]가 1990년에 '심볼 그라운딩 문제(기호접지 문제)'를 제기했다. 이것은 기호와 의미를 어떻게 결합할 것인가 하는 문제다. 혹은 '기표記表, signifiant'와 '기의記意, Signifié'를 결합시키는 문제라고도 할 수 있다.

이것은 20세기 프랑스의 언어학자 페르디낭 드 소쉬르Ferdinand de Saussure[39]가 사용한 용어다. 고양이의 경우, '기표'는 '고양이'라는 문자(혹은 '고양이'라는 음성)다. '기의'는 고양이라는 말이 지시하는 이미지,

---

38　역주-스티븐 로버트 하나드(1945~)는 헝가리의 인지과학자로서, 특히 인지과학과 오픈 액세스open access에서 주요한 활동을 전개하고 있다.

39　역주-페르디낭 드 소쉬르(1857~1913)는 스위스, 프랑스의 언어학자, 언어철학자로 '근대 언어학의 아버지'로 불린다. 그는 기호론에 기초해 유럽의 구조주의 언어학, 구조주의 철학을 정초했다.

의미, 실체다. 단어는 기표와 기의가 동전의 앞뒤 면처럼 세트가 되어 만들어진다.

우리는 "컴퓨터가 기호를 처리할 수는 있지만 의미는 모른다"고 말한다. 그것은 이미지가 결여되어 있기 때문이다. 컴퓨터가 고양이의 이미지를 얻으려면 고양이의 이미지 그 자체를 디지털화할 필요가 있다.

즉 고양이의 그림을 읽어들여 컴퓨터가 고양이의 색과 모양을 이해하도록 해야만 한다. 그 뿐만 아니라 우는 소리와 사료를 먹는 동영상, 나아가서는 고양이 피부 감촉과 관련된 데이터(멀티모달multimodal한 감성데이터) 등을 읽어 들여 인식하도록 해야 한다.

기호주의적인 AI 연구는 단순히 기호를 처리하는 것에 머물렀기 때문에 실패했다. 물리 세계를 기호로 표현할 수 있다는 생각을 '물리기호시스템 가설'이라 한다. 그런데 그 오류가 명확해진 것이다.

컴퓨터가 단어의 의미를 이해하려면 이미지 자체를 디지털화하고 컴퓨터 안에서 기호와 이미지를 결합시켜야 한다.

4. 20세기의 AI 연구는 왜 실패했는가?

인간에게는 간단한 것이 컴퓨터에게는 어렵다

컴퓨터에 인간의 얼굴과 책상 위의 컵 등 사진 데이터를 읽어들여, "이것은 수현의 얼굴이다" 혹은 "이것은 컵이다"와 같이 인식시키는 기술을 '패턴인식'이라 한다.

결국 패턴인식은 인간의 지각활동과 동일한 과정을 컴퓨터가 처리하도록 하는 기술이다. 이 기술은 20세기에도 지문인증과 우편번호의 인식, OCR(문자를 읽어들이는 소프트웨어 기계) 등에 사용되었다. 우리가 편지봉투에 쓰는 우편번호는 기본적으로 인간이 아니라 기계가 읽고 있는데, 이를 위해 이용되는 기술이 패턴인식이다.

그런데 특정한 지문과 숫자, 문자가 아니라, 컵과 테이블 등 세상 속 여러 물체의 특질을 인간에게 배우지 않고도 컴퓨터가 스스로 인식하는 것은 어려운 일이었다.

컴퓨터는 추론을 논리학자만큼 할 수 있고 대학입시에 출제된 미적분 문제를 풀 수는 있지만, 인간의 지각과 직감을 흉내내기는 어렵다.

조금 더 구체적으로 말하자면 컴퓨터에게 어려운 일은,

    (1) 지각, 직감

    (2) 추론

    (3) 계산

과 같은 순서다.

역으로 인간에게 어려운 일은,

    (1) 계산

    (2) 추론

    (3) 지각, 직감

과 같은 순서다.

그러나 여기서는 이야기를 간명히 하기 위해서, 계산과 추론을 묶어서 논리적 사고라고 부르기로 하자(심리학에서는 직감적 사고와 무의식적인 사고를 '시스템 1'이라 하고, 논리적 사고를 '시스템 2'라 부른다).

어쨌든 인간에게 어려운 것이 컴퓨터에게는 쉽고, 인간에게 쉬운 것은 컴퓨터에게 어렵다. 혹은 인간이 어른이 되어서야 할 수 있는 논리적 사고는 컴퓨터에게 대단히 쉽지만, 어린이들도 늘상 하고 있는 인간의 직감적 사고는 컴퓨터에게 대단히 어렵다.

도쿄대 마쓰오 유타카 교수는, 논리적 사고를 목표로 하는 AI를 '어른 AI', 직감적 사고를 목표로 하는 AI를 '어린이 AI'라고 부른다. 어린이 AI를 만드는 것이야말로 지금까지는 어려웠다. 이런 비틀림 현상을 '모라벡의 역설'이라고 한다. 모라벡은 이미 제1장에서 언급했던 미국의 AI 로봇 연구자다.

직감적 사고의 중요성

모라벡이 말한 것처럼, 지각이나 직감은 생물이 아메바 형태의 단세포였을 때부터 40억 년이나 진화하는 과정에서 발달하고 복잡해져온 능력이다. 따라서 물체의 인식과 직감적 판단은 우리에게 너무나 익숙한 일이다.

늘 해왔기 때문에, 우리는 "사과를 인식하려면 우선 어떻게 할까?"와 같이 그 순서를 논리적으로 확인하면서 물체를 인식하지는 않는다. 그러므로 물체를 인식하는 것은 암묵 지며, 그 메커니즘은 불명료하다. 게다가 진화 과정에서 복잡하게 발전해왔기 때문에 컴퓨터상으로 재현하기도 어렵다.

인간은 일상생활에서 '기호를 이용한 논리적 사고'보다 오히려 '이미지를 이용한 직감적 사고'를 자주 사용한다. 우리 인간이 논리적 사고만 한다면, 대부분의 일을 제대로 해내지 못할 것이며 일상생활을 정상적으로 영위하지도 못할 것이다. 따라서 이미지를 이용한 직감적인 사고 활동을 할 수 없는 AI는 인간과 같은 지적 활동을 할 수 없다.

예를 들어 인간은 화난 사람을 볼 때, 얼굴 표정에서 상대의 분노를 직감적으로 읽을 수 있다. 그러나 기호만을 해석하는 AI는 상대가 "화났다"라고 말하지 않으면 적절히 이 상황을 이해할 수 없다(이 경우에서도 음성 데이터를 패턴으로 인식해 기호화해야 한다).

인간은 시각정보로 즉각 화났다고 판단하는데, 이 직감적인 판단이야말로 인간 자신에게도 이해되기 어렵고 난해한 일이다.

20세기에 AI 연구가 실패한 주된 요인은 기호적 접근과 논리적 접근을 과신한 데 있다. 패턴인식도 연구의 대상이긴 하였으나, 어디까지나 조역에 지나지 않았다.

게다가 컴퓨터의 패턴인식 능력을 인간처럼 만들려면, 방대한 양의 데이터와 그것을 처리할 수 있는 높은 스펙의 컴퓨터가 필요했다. 그러므로 20세기의 AI 연구자가 '기호·논리적 접근'으로 달려간 것은 사상적인 잘못 때문이었다기보다 그것이 유일한 선택지였기 때문이었다고도 할 수 있다.

라이프니츠의 꿈은 어디로?

20세기 AI 연구의 실패는 라이프니츠가 일종의 오류를 갖고 있었음을 보여준 것이기도 하다. 하나의 개념에 하나의 기호를 적용하고 그 기호를 논리적으로 처리함으로써, 인간의 사고를 재현하고 모든 진리를 자동적으로 만들어낸다. 그것이 라이프니츠의 꿈이었고, 동시에 20세기 AI 연구자의 꿈이기도 했다.

그런데 고양이의 개념에 해당하는 'Cat'과 같은 기호를 논리적으로 처리하는 사고는 인간 사고의 일부에 불과했던 것이다. 게다가 논리적 추론을 하기 위해서는 가정을 두어야만 하는데, 가정이 충분하지 않으면 거기서 도출되는 명제만으로 세계의 진리를 표현할 수는 없다.

그렇다고 인간의 사고가 기호조작에 불과하다는 생각이 완전히 부정된 것은 아니다. 고양이의 개념에 관한 감성데이터를 디지털화(기호화)하여 컴퓨터 안에서 고양이라는 기호와 결합시킬 수 있기 때문이다.

혹은 술어논리와 같은 논리적인 추론이 인간 사고의 전부가 아니라고 할지라도, 그 사실 때문에 수리논리적 기계인 컴퓨터로 인간의 지성을 재현할 수 없는 것은 아니다.

수리논리적 기계인 컴퓨터로 확률통계적인 처리를 할 수 있기 때문이다. 확률통계야말로 논리적이지 않은 인간의 지성을 재현하는 수학일 수 있다. 더 나아가 세계의 법칙을 발견하는 데 필요한 것은 '논리적 추론(연역추론)'이라기보다 오히려 '귀납추론'이다. '귀납추론'은 개별 사례들에서 일반적인 규칙을 찾아내는 것이다.

그것을 가능하게 하는 AI 기술로 '기계학습'이 있는데, 오늘날 AI 붐의 불쏘시개 역할을 하고 있는 심층학습은 '기계학습'의 대표적 기술이다. 기계학습은 기본적으로는 확률통계(혹은 인공신경망neural network)에 근거한 기술이다. 라이프니츠의 꿈은 형태를 바꾸어 21세기에 실현될 수도 있다.

기계학습과 심층학습: 인간의 직관을 재현할 수 있을까?

0. 이 장에서 설명할 것

20세기의 AI연구는 주로 기호를 처리하여 인간의 논리적 사고를 재현하는 것이었다. 그에 반해 21세기 AI 연구의 목표는 화상이나 음성 등 감성 데이터를 처리하여 인간의 직감적 사고를 재현하는 것이다. 모든 AI 연구자가 반드시 그렇게 의식적으로 연구하고 있지는 않으나, 그러한 경향이 있는 것은 확실하다.

달리 표현하자면 20세기의 AI가 '규칙에 기반(rule base)'했다면, 21세기의 AI는 '기계학습에 기반'하고 있다.

이 장에서는 기계학습과 그것을 실현하는 기술인 인공신경망, 그리고 인공신경망의 일종으로 각광받고 있는 심층학습deep learning이라는 기술에 대해 설명한다. 특히 나는 기계학습 중에서도 '강화학습'을 중요한 기술로 주목하고 있다. 이러한 기술들을 엮어냄으로써 인간 수준의 AI를 만들어 낼 수 있을 것이라는 기대가 커지고 있다는 점에 주의해주기 바란다.

1. 기계학습: 직관적인 사고를 하는 AI

기계학습이란 무엇인가?

'기계학습'이란 컴퓨터가 수많은 데이터에서 규칙성을 추출함으로써 적확한 지적 활동을 할 수 있게 하는 기술을 의미한다. 이 때 지적 활동이란 인식이나 의사결정을 포함하고 있는데, 패턴인식도 기계학습의 일종이다.

〈그림 3-1〉과 같이 '1'이건 '2'이건, 숫자를 쓰는 법은 사람마다 다르다. 그렇지만 인간은 다른 사람의 독특한 글자체를 봐도 '1'은 1이라고 인식하고, '2'는 2라고 인식한다.

그와 동일하게 컴퓨터에 숫자를 인식시키기 위해서 이용되는 기술이 기계학습의 일종인 '패턴인식'이다. 손으로 쓴 '1'의 그림을 수많이 읽어들이도록 함으로써, 다양한 모양의 '1'이라는 그림에서 공통되는 규칙성(세로의 한 줄 선이라는 패턴)을 찾아내서, 최종적으로 '1' 그림을 보고 1이라고 맞출 수 있게 된다.

기계학습을 하는 프로그램을 '학습기'라 부른다. 〈그림 3-2〉와 같이 학습기의 입력에서 데이터를 읽게 하면, 일정한

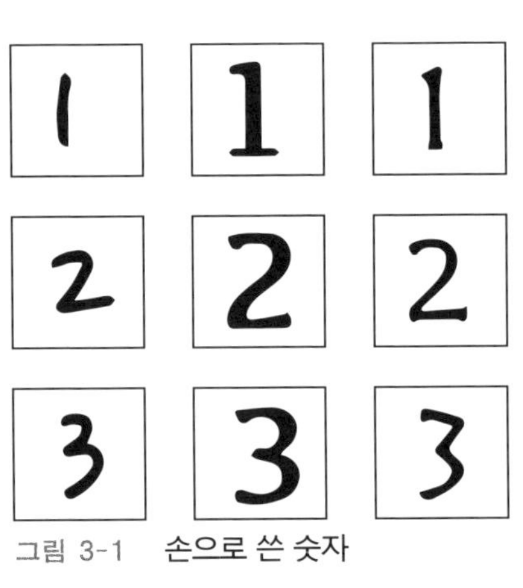

그림 3-1　　손으로 쓴 숫자

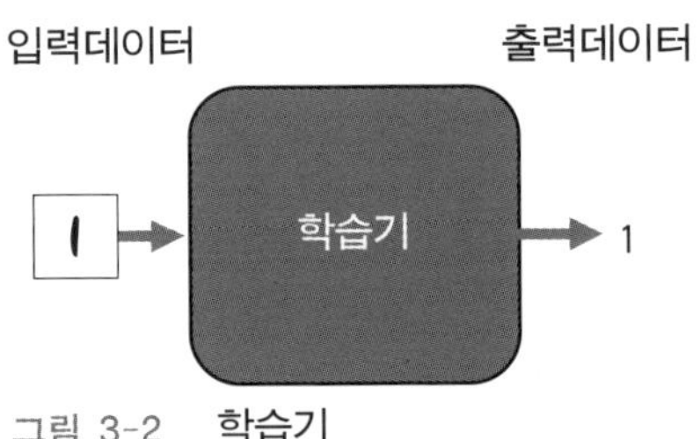

그림 3-2　　학습기

출력을 얻을 수 있다. 숫자 인식의 경우, 입력 데이터는 1이나 2 등등을 쓴 손글씨 그림이며, 출력 데이터로 1이나 2와 같은 답을 얻는다.

조금 더 구체적으로 말하면, 예를 들면 (0.8, 0.05, 0.15)와 같은 숫자열이 출력으로 얻어질 수 있다. 이것은 입력 데이터가 1일 확률이 0.8, 2일 확률이 0.05, 3일 확률이 0.15임을 의미한다. 1일 확률이 높아, "손글씨 그림은 아마 1일 거야"라고 프로그램이 추측하는 것이다. 덧붙여 (0.8, 0.05, 0.15)와 같이 확률을 나타내는 숫자열을 '확률 벡터'라 한다.

학습기는 읽어들이는 데이터가 적으면 잘못된 결과를 출력하는 경우가 많지만, 데이터를 엄청 많이 읽어들이면 올바른 결과를 출력할 수 있다. 인간처럼 학습하는 양이 많으며, 보다 똑똑해지는 것이다. 단 기계학습은 인간의 학습과는 다르므로 주의할 필요가 있다.

인간에게는 통으로 암기하는 것도 학습이지만, 컴퓨터에게 단지 데이터를 기억하도록 하는 것은 기계학습이 아니다. 컴퓨터에게 통암기만큼 쉬운 것은 없으며 학습이라고 할 수 없다.

그와 반대로 컴퓨터가 서투른 것은, '원샷one-shot 학습'이다. 인간은 어떤 물체를 한번 보면 바로 인식하는 경우가 많다. 그것을 '원샷 학습'이라고 한다. 학습과정이 한 순간에 끝나는 것이다.

예컨대 '오카피okapi'라는 줄무늬 다리를 가진 희귀한 기린과의 동물이 있다. 거의 모든 사람들은 오카피를 한번 보면 다음부터는 어떤 동물이 오카피인지 아닌지를 판별할 수 있다. 그에 반해 AI가 오카피를 인식하기까지는 대단히 많은 오카피의 그림이 필요하다.

하지만 원샷 학습도 현재 연구가 진행중인데, 바둑 AI인 '알파고'를 만든 딥 마인드가 상당한 성과를 거두고 있다.

기계학습의 분류

기계학습에는 주로

    (1) 교사 있는 학습

    (2) 교사 없는 학습

    (3) 강화학습

등 세가지가 있다.

'교사 있는 학습'에서는 일정한 대답을 예측해 맞추어 간다. 맞는지 여부에 대한 교사의 역할이 필요하기 때문에 "교사 있는" 학습인 것이다. 패턴인식은 교사 있는 학습의 일종이다.

숫자 인식으로 말하면, 손글씨 숫자 그림에 대해, 그것이 '1'인지 '2'인지를 예측해 맞추려고 한다. 그 때 교사역에 해당하는 것이 '교사데이터'다.

손글씨 '1'을 입력했을 때의 교사 데이터는 '1'이다(보다 구체적으로는 확률 벡터). 학습기는 데이터가 적은 상황에서는 1과 형태가 비슷한 '7'이나 '9'로 잘못 인식할 수 있다. 그때 교사데이터인 '1'을 사용하여 답을 맞추어내고 오류를 바로잡으면서 학습해간다.

패턴인식은 '분류classification'라고도 한다. 왜냐하면 숫자인식은 '1'이나 '2'라는 여러 손글씨의 숫자를 '1그룹'이나 '2그룹' 등으로 분류하는 문제이기 때문이다.

'교사 없는 학습'에서는 프로그램이 스스로 일정한 공통점을 발견하고 새로운 그룹을 만들어낸다. 따라서 교사 데이터는 필요 없으며 입력데이터만으로 학습을 해간다.

대표적인 교사 없는 학습은 '유형화clustering'다. 이것은 비슷한 것끼리 모아서 그룹(클러스터)을 만드는 기술이다.

예를 들면 여러 가지 과일이나 채소 그림들을 입력데이터로 주고, 그것들을 그룹으로 나누는 유형화가 그것이다. 이 경우 사과와 토마토는 빨갛고 둥글다는 비슷한 특징을 가지므로 프로그램이 같은 그룹에 포함시킬 수도 있다. '유형화'는 프로그램 스스로가 그룹을 만들어내는 기술이기 때문에 인간이 보통 행하는 유형화와는 다른 결과를 낳을 가능성이 있다.

유형화는 분류와 혼동되기 쉽지만 다르다. 분류는 인간이 만든 그룹에 정확하게 배치하는 기술임에 비해, 유형화는 프로그램 자신이 그룹을 형성하는 것이다. 그러므로 유형화에는 정답이 없고 교사 데이터도 필요 없다.

'강화학습'은 프로그램이 시행착오하면서 보다 많은 보상을 위해 행동하게 하는 기술이다. 중요한 기술이기 때문에 보다 자세하게 설명하도록 하겠다(덧붙여 기계학습에는 그 밖에 절반 교사있는 학습, 적대적 학습, 변수추정variational approximation 등 최근 화제가 되는 기술들도 있지만, 여기서는 강화학습에 대해 논의하기로 한다).

2. 강화학습: 쾌감을 추구하는 AI

강화학습이란 무엇인가?

인간과 같은 생물과 AI가 무엇이 가장 다른가 하면, 생물은 욕망을 가지고 있지만 AI는 욕망이 없다. 욕망 중에서 가장 중요한 것은 식욕 등과 같이 '생존'과 관련된 욕망이며, 따라서 생물의 지성은 살아가기 위한 지혜라고 할 수 있다. 그에 비해 AI는 인간이 프로그램으로 주는 명령에 따를 뿐으로, AI의 지성은 '지혜'라기보다 단순한 '정보'다.

여기에 대해 확연히 동의하는 사람이 많을 것이다. 그러나 '강화학습'이라는 기술에 대해서도 똑같은 이야기를 할 수 있을까?

'강화'란 원래 심리학 용어다. 동물이 보상이나 벌과 같은 자극에 반응해 행동을 형성해가는 것[행동형성]을 '조작적 조건 형성operant conditioning'[40]이라고 한다. 그 중에서 어떤 행동의 빈도가 증가하는 것이 '강화'다. 반대로 어떤 행동의 빈도가 줄어드는 것은 '약화'다.

'조작적 조건부여'를 체계화한 미국 심리학자 버러스 스키너Burrhus Frederic Skinner[41]는 상자 속에 쥐를 가둬놓고 버저가 울릴 때 손잡이를 누르면 먹이를 주는 실험을 했다. 이 상자를 '스키너 상자'라고 한다.

버저를 계속 울리면 쥐가 손잡이를 누르는 빈도가 점차 증가한다. 즉 '손잡이를 누르는' 행동이 강화되는 것이다.

이러한 일련의 행동형성은
- '상태': 버저가 울린다
- '행동': 손잡이를 누른다
- '보상': 먹이를 준다
- '방책': 버저가 울리면 손잡이를 누른다
와 같은 요소로 성립된다.

이러한 행동형성을 프로그램으로 실행하도록 한 것이 '강화학습'이라는 AI 기술이다. 즉 '강화학습'이란 어느 '상태'일 때 어떠한 '행동'을

40　역주-보상과 혐오자극(벌)에 적용하여, 자발적으로 일정한 행동을 하도록 학습하는 것을 의미하는 행태주의 심리학의 기본 이론을 가리킨다.

41　역주-버러스 프레더릭 스키너(1904~1990)는 미국의 심리학자로서 행동분석학의 창시자이며, 근본적인 행동주의radical behavioralism를 지향했다.

취하면 보다 많은 '보상'을 얻을 수 있는지, 그 '방책'을 학습하고 익히는 것이다.

로봇 쥐는 손잡이를 누를 수 있을까?

스키너의 실험은 강화학습으로 〈그림 3-3〉과 같이 모델화할 수 있다. '버저가 울리는' 상태 0에서 '손잡이를 누르는' 행동을 취하면 '손잡이가 눌려있는' 상태 1로 변화하고, 보상을 받게 된다. 하지만 '달리거나' '우는' 행동으로는 보상을 받을 수 없다.

이런 모델을 바탕으로 강화학습을 하는 로봇 쥐를 상상해 보자. 로봇 쥐는 어떤 행동을 해야 할지 의사결정을 해야 한다. 처음에는 어떤 것을 선택해야 할지 모르기 때문에 행동의 가치를 모두 0으로 해두자.

이러한 행동의 가치를 'Q값'이라고 하며, Q값을 이용한 강화학습을 'Q학습'이라 한다(정확하게는 상태와 행동에 대해서 Q값이 정해진다). 먹이를 받는 것의 보상가치 r_1은 $r_1=1$로 한다. 다른 보상은 0이다.

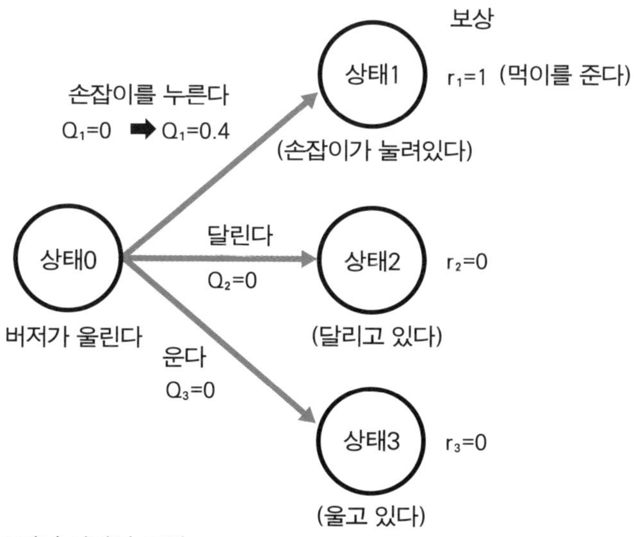

그림 3-3   스키너 상자의 모델

그리고 손잡이를 누르면 보상을 얻을 수 있으므로, '손잡이를 누른다'는 행동의 가치를 상승시켜, $Q_1=0.4$로 한다. 조금 더 정확하게 말하면, 보상의 가치 1을 얼마간 반영해 Q_1의 값을 상승시키는 것이다. '달리거나' '우는' 행동으로는 보상을 받을 수 없기 때문에, Q값은 0인 그대로다.

이렇게 해두고서 높은 Q값의 행동을 선택한다는 설정을 해두면, 다음에 버저가 울릴 때도 다시 '손잡이를 누르는' 행동을 선택한다. 그리고 이 선택을 반복할 때마다 Q_1의 값은 높아진다.

스키너 상자의 쥐는 처음에 손잡이를 누르면 먹이를 받을 수 있다는 확신을 그다지 갖지 못한다. 하지만 누차 손잡이를 누르면 그것이 '확신'으로 바뀌어간다. 강화학습에서 Q_1값의 상승은 그 '확신'의 정도를 보여준다.

단 '손잡이를 누르는' 행동의 가치가 높다고 해서 로봇 쥐가 항상 손잡이를 누르는 것은 아니다. 때로 랜덤하게 다른 행동인 '달리'거나 '우는' 행동을 선택한다.

왜냐하면 혹여 달리거나 울어도 먹이를 받을 수 있지 않을까 하고 쥐는 생각하기 때문이다.[42] 실험자인 인간은 먹이를 얻을 수 없다는 것을 알고 있지만, 쥐는 그 확신이 없다. 모든 것을 부딪히면서 학습하는 수밖에 없다.

인간의 복잡한 의사결정을 모델화하다

인간의 '강화'도 쥐와 크게 다르지 않다. 강화학습은 인간을 포함한 생물의 '보상계報償系' 활동을 모델화한 것이다.

---

42   저자주 10-이러한 의사결정의 방법을 'E-그리디 방법'이라 한다.

보상계는 욕구를 담당하는 뇌의 신경계인데, 포유류는 A10 신경이 주로 그 역할을 한다. A10 신경에 도파민이라는 뇌 호르몬이 분비됨으로써 쾌감을 얻는데, 포유류는 그 쾌감을 추구한다.

인간에게 공부할 때마다 반복적으로 과자를 준다면, 공부만 해도 도파민이 분비돼 공부 자체가 신나는 일이 될 수도 있다. 그것이 인간에게 '강화'이다.

한편 강화학습은 이렇듯 단순하고 심리학적인 '강화'뿐만 아니라, 바둑이나 장기와 같이 복잡하고 이성적인 의사결정에도 적용할 수 있다. 그 경우에 〈그림 3-4〉와 같이 상태의 연결이 길어지기는 하지만 기본적인 사고방식은 강화학습이다.

Q_1의 값에 다음 행동의 가치의 최대치인 Q_4의 값을 반영시킨다(처음 Q_1은 상승하지 않는다). Q_4값은 보상인 $r_4=1$을 반영시켜 상승시킨나. 〈그림 3-4〉에서 $Q_4=0.4$다.

다음으로 이 경로를 더듬어가게 되면, 이번에는 Q_1값에 $Q_4=0.4$가

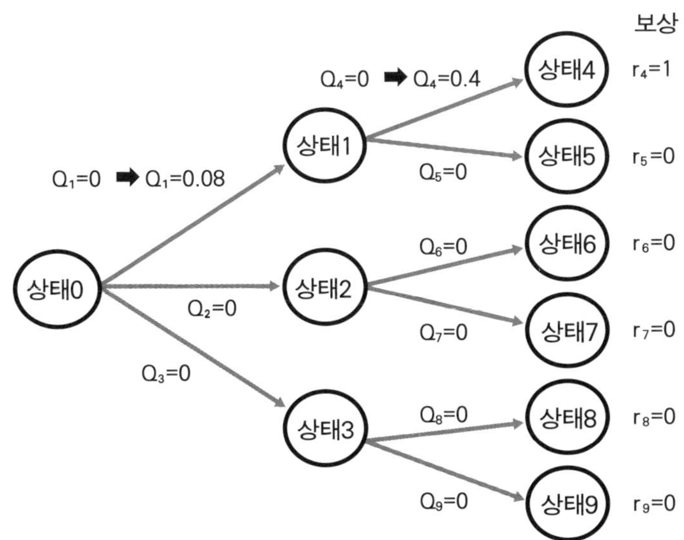

그림 3-4　강화학습의 기본모델

반영되는데, 예를 들어 Q_1=0.08이 된다. 이렇게 하면 보상에 대한 기억을 차례차례 출발점 방향으로 반영할 수 있다.

더욱 상태의 연결이 길어져도, 보상에 이르는 경로를 여러 번 반복하면 경로상에 있는 모든 행동의 Q값에 보상값이 반영되기 때문에, 보상 행동을 선택할 가능성은 높아진다.

축구로 말하자면 슛을 성공시킨 선수도 훌륭하지만, 어시스트를 한 선수나 다시 어시스트를 어시스트한 선수도 잘 한 것이므로 이들 선수들에 대한 평가가 함께 높아진다. 그리고 그 이후 높은 평가를 받은 선수를 채용할 가능성은 높아진다. 강화학습도 이와 비슷하다.

미래의 보상은 에누리한다

덧붙여 상태 4의 보상(r_4=1)은 결과적으로 몇 퍼센트씩 에누리(할인)되어 Q_1에 반영된다. 상태 4뿐만 아니라 상태 1에서도 보상을 받을 수 있지만, 그때 상태 1의 보상은 할인되지 않고 Q_1에 반영된다. 미래(앞의 상태)의 보상은 할인되어 Q값에 반영되는 것이다.

이러한 '할인'은 경제학에서는 친숙하다. 올해 100만 엔을 받을지, 내년에 100만 엔을 받을지 어느 쪽을 고르라고 한다면 누구나 올해를 선택할 것이다.

그러나 올해 100만 엔을 받고 내년에는 103만 엔을 받는다면 어떤 것이 좋을까? 이것들이 동일한 가치를 가진다면, 내년 103만 엔을 올해의 가치로 환산할 때 3% 할인한다.

마찬가지로 강화학습에서도 미래에 얻을 수 있는 보상은 할인된다. 인간이 평소 행하는 미래의 보상에 대한 할인도 강화학습에 도입되고 있다.

살아가기 위한 AI의 지혜

이러한 점들을 고려해볼 때, 강화학습이 인간의 의사결정 모델을 현실화할 수 없다고 단언할 수 있을까? AI 또한 보상을 얻고 싶다는 욕망이 있어서 그 욕망을 충족시키기 위한 방책을 익힌다. 이러한 방책을 살아가기 위한 '지혜'라고 부를 수 없을까?

현재의 AI에 주어지는 보상은 AI가 살아가기 위한 식량과 같은 것이 아니다. 하지만 강화학습 기술이 내장된 로봇이 전원을 확보하려는 것이나 자신의 몸을 지키기 위한 동작을 기억할 때, 우리는 AI가 살아가기 위한 '지혜'를 익혔다고 말해야 하지 않을까?

그렇지만 상태가 지나치게 많을 경우에는 Q학습과 같은 통상적인 강화학습에서 Q값을 결정하기가 어렵다. 그래서 최근에는 강화학습과 심층학습 기술을 결합해 사용하고 있다. 이를 '심층강화학습深層強化學習'이라고 한다.

이 결합된 기술은 대단히 강력한데, 사람보다 똑똑한 AI를 만들겠다는 목표에 상당한 가능성을 주기도 한다. 실제로 바둑의 세계 챔피언을 꺾은 알파고도 심층강화학습에 기반하고 있다.

Q학습은 사실 'TD학습'이라는 강화학습 기술의 단순하고 특수한 사례다. Q학습은 상당히 단순하지만 강화학습 분야에서 심층학습과의 통합 등 다양한 응용과 발전이 모색되고 있다.

다음으로 우선 인공신경망과 심층학습에 대해 설명하고, 그 후 심층강화학습에 대해 설명하겠다.

3. 인공신경망: 사람의 신경계를 모방한 AI

인공신경망이란 무엇인가?

교사 있는 학습이나 교사 없는 학습을 구체적으로 실현하는 기술로 다양한 확률통계적인 방법과 '인공신경망'을 들 수 있다.

인공신경망도 확률통계적인 수식으로 표현할 수 있기 때문에, 기계학습에 기초한 AI는 결국 확률통계적인 접근을 하고 있다고 할 수 있다.

20세기 AI가 논리적인 접근을 했다고 한다면, 21세기의 AI는 확률통계적인 접근을 하고 있다.

여기에서는 그림을 이용해 설명하기가 쉬우므로 확률통계보다는 인공신경망에 대해 설명하겠다. AI의 세 번째 붐을 일으킨 심층학습에 대해 논하기 위해서도, 우선 인공신경망에 대해 설명해둘 필요가 있다. 인공신경망은 꽤 오래전부터 있던 기술로, 미국의 심리학자 프랭크 로젠블랫Frank Rosenblatt[43]이 1957년에 제안한 '퍼셉트론Perceptron'[44]이 그 선구였다. 인공신경망은 뇌의 신경계를 본뜬 수학모델 혹은 프로그램인데, 예를 들면 〈그림 3-5〉와 같은 구조를 가지고 있다. ○ 부분은 '유닛'이라 부르며, ○과 ○을 연결하는 선을 '링크'라고 부른다. 유닛이 현실 뇌의 뉴런(신경세포)에 해당하며, 링크가 시냅스에 해당한다.

43 　역주-프랭크 로젠블랫(1928~1971)은 미국의 심리학자로 인공신경망 연구의 개척자 중 한명이다. 신경생리학자인 워렌 맥컬로치와 논리학자인 월터 피츠가 창안한 형식 뉴런이라는 모델에 기초해 퍼셉트론을 개발했다.

44 　역주-퍼셉트론은 인공뉴런과 인공신경망의 일종인데, 로젠블랫이 1957년에 고안해 다음해 논문으로 발표했다. 시각과 뇌의 기능을 모델화한 것으로 패턴인식을 하며, 간단한 네트워크지만 학습능력을 갖고 있다. 1960년대 인공신경망 붐을 일으켰다.

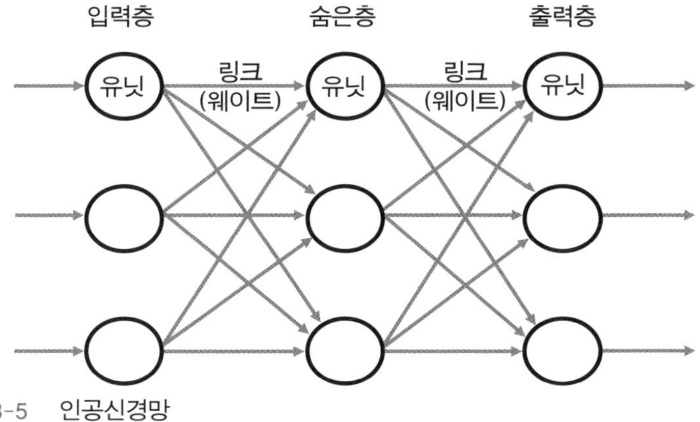

그림 3-5　인공신경망

인공신경망은 어떻게 패턴을 인식하는가?

인공신경망이 어떻게 시각정보를 패턴인식하는지 간단히 설명하겠다. 〈그림 3-5〉는 입력층, 숨은층, 출력층 등 세 층으로 이루어진 단순 인공신경망이다.

입력층에서 예를 들면, 삼각형이나 사각형, 동그라미가 그려진 그림을 입력한다. 출력층에서는 그것이 삼각형인지 사각형인지 동그라미인지 답을 피드백한다. 인공신경망은 초기 상태에 그림 속의 도형을 잘 판단하지 못한다. 그러나 "이 그림은 삼각형이다"라는 정답에 가까워지도록, 유닛과 유닛을 잇는 링크의 강도(웨이트)을 변화시킴으로써 학습이 이루어진다.[45] 이 웨이트는 뇌의 신경으로 말하자면 뉴런들 사이의 연계 강도에 해당한다. 다양한 삼각형 그림과 사각형 그림을 보여주고 웨이트를 조정하면 무엇이 삼각형이고 무엇이 사각형인지를 판단할 수 있게 된다. 이런 학습과정을 거쳐 충분한 정밀도를 갖게 되

45　저자주 11-일반적으로 교사데이터와 출력데이터의 차이를 최소로 하도록 웨이트를 조정한다.

면 나중에는 실제로 이용할 수 있는 수준이 된다.

20세기 인공신경망의 한계

최초의 인공신경망인 퍼셉트론은 이론적인 한계가 있어 단순한 도형만을 인식할 수 있었다. 그후 인공신경망이나 확률통계적인 방법에 따르는 각종 패턴인식 기술이 고안되어 실용화되었다.

그러나 20세기(정확하게는 2010년경까지)의 패턴인식 기술은 거의 모든 물체의 '특징'을 인간에게 배워야만 인식할 수 있었다. 그 '특징'이란 고양이 그림이라면 긴 수염이 나 있다든지 머리에 두개의 귀가 있다든지 하는 것이다. 그러한 특징들을 인간이 인공신경망에 주입해 주어야만 했다.

그러나 인간의 어린이들은 성장과정에서 세계를 패턴으로 나누어 파악할 때, 각 물체마다의 특징을 하나하나 어른에게 배우지는 않는다. 아이들은 스스로 특징을 발견할 수 있다.

패턴인식 기술은 20세기에도 지문인증이나 우편번호 읽기, OCR 등에 사용되어왔다. 그러나 이것들은 인식 대상이 지문이나 번호, 문자 등으로 제한되어 있었다. 고양이 얼굴을 인식시킬 수는 있었지만 그 경우에도 고양이 얼굴의 특징을 인간이 프로그램에 넣어주어야 했고, 고양이 얼굴 이외의 것은 인식하지 못했다.

인간에게 특징을 배우고 우편번호와 문자, 고양이 얼굴 등과 같이 특정 대상만을 인식할 수 있었지, 인간처럼 사고하는 AI는 아니었다.

인간처럼 세계의 모든 현상을 스스로 나누어 패턴을 추출할 수 없었고 컴퓨터는 논리적 사고만을 하는 기계에 불과했다. 그러한 이유로 패턴인식은 20세기 AI 연구의 주류가 될 수 없었다.

4. 심층학습: AI 붐을 일으키다

심층학습이란 무엇인가?

그런데 영국 출신의 AI 연구자 제프리 힌튼Geoffrey Everest Hinton[46]이
2006년에 고안한 '심층학습'이라는 인공신경망이 돌파구가 되어, 패턴
인식은 21세기 AI 연구의 주류가 되었다.

심층학습은 레이어(계층)가 층층이 쌓인 인공신경망이다. 그래서 딥
deep(심층)인 것이다.

심층학습에는 몇 가지가 있는데, 대표적인 것은
- 중층 오토인코더Autoencoder(중층 자기부호화기重層自己符號化器)
- 합성곱 인공신경망Convolutional Neural Network/CNN
- 재귀형 인공신경망Recurrent Neural Network/RNN
이 있다.

'중층 오토인코더'는 각종 그림들을 유형화하는 교사 없는 학습에
특히 적합하다. 중층 오토인코더는 나중에 자세히 설명하겠다.

'합성곱 인공신경망'의 기원은 1979년에 후쿠시마 구니히코福島邦彦
가 발표한 '네오코그니트론Neocognitron'으로 거슬러 올라간다.[47] 이 인

---

46   역주-제프리 에버레스트 힌튼(1947~)은 영국의 컴퓨터과학자이자 인
지심리학 연구자로 인공신경망 연구로 유명한데, 2013년 이후에는 구글과
토론토 대학에서 근무하고 있다.

47   저자주 12-네오코그니트론은 'S세포'와 'C세포'의 결합을 다층으로 연
결하고 있다. 합성곱 인공신경망의 '심층convolution layer'이 S세포, '풀링층
pooling layer'이 C세포로 각각 역할을 한다.

공신경망은 인간의 시각피질visual cortex을 닮아 화상인식을 향해 발전하고 있다.

합성곱 인공신경망은 최근 모델이 보다 단순화되면서도 정확도가 높아져서 상당히 많이 쓰이고 있다(다만 이 책에서는 설명의 용이성을 위해 중층 오토인코더에 대해서 상술하겠다).

'재귀형 인공신경망'의 기원은 1982년 미국 물리학자이자 생물학자인 존 홉필드John Joseph Hopfield[48]가 발표한 '홉필드 네트워크'다. 재귀형 인공신경망은 동영상이나 음성, 언어 등 길이가 일정하지 않은— 데이터에 따라 길이가 다른— 데이터를 취급하는 데 사용된다.

심층학습의 충격

심층학습은 일반 사업가들도 흥미를 느낄 정도로 주목받아 오늘날 AI 붐의 주역이 되고 있다. 아니 AI 붐의 불길에 기름을 붓고 있다. 왜 그럴까?

첫째, 인간보다 물체를 인식하는 정확도가 높아졌기 때문이다. 2010년부터 매년 개최되고 있는 'ILSVRC(이미지넷 챌린지)'라는 세계적인 화상인식 콘테스트는 어떤 컴퓨터 프로그램이 사람얼굴이나 테이블 등 여러 물체를 잘 식별하는지 서로 겨루고 있다.

2012년 이 콘테스트에 힌튼이 인솔하는 토론토대학의 연구그룹이 개발한 '슈퍼비전Super Vision'이 처음 참가했다. 다른 대학의 연구진은 종래대로 인간이 프로그램에게 물체의 특징을 가르쳐주는 방식이었지만, 그런 프로그램들에 비해 심층학습(합성곱 인공신경망)을 내장한 슈퍼

---

48 역주-존 조셉 홉필드(1933~)는 미국의 물리학자이자 생물학자로, 1982년에 '연상형 인공신경망'의 발명으로 잘 알려져 있고, 오늘날에는 이를 '홉필드 네트워크'라 부른다.

비전이 큰 차이로 우승했다.

그후 심층학습에 의한 화상인식은 급속히 정밀도를 향상해 간다. 2014년의 ILSVRC에서는 구글이 개발한 GoogLeNet이 우승하였는데, 식별의 오류율이 6.7%였다. 이는 전년에 우승한 뉴욕대 팀의 약 절반이었다.

역시 이때 상위팀들은 모두 심층학습을 사용했다. 나아가 2015년에는 인간의 정밀도를 뛰어넘었다.

그렇지만 심층학습이 주목을 끄는 것은 단지 인식의 정밀도가 높아졌기 때문만이 아니라, 프로그램이 인간에게 배우지 않고도 물체의 특징을 발견할 수 있게 되었기 때문이다. 이에 따라 프로그램은 인간처럼 스스로 시각정보를 잘라 나누어 물체의 패턴을 획득할 수 있게 되었다.

기계가 '눈'을 갖게 되었다

도쿄대 마쓰오 유타카 교수는 심층학습의 출현을 캄브리아기의 '눈[眼]의 탄생'에 비유하고 있다. 캄브리아기에 폭발적으로 생물 종류가 늘어나 지금 있는 모든 생물의 종류(문門)가 다 발생했다. 생물이 눈을 가지게 되었기 때문에 그러한 폭발이 일어났다고 영국 태생의 고생물학자 앤드류 파커Anderew Parker[49]는 그의 저서 『눈의 탄생』에서 말하고 있다.

지금까지 생물의 '눈'에 해당하는 것이 기계에는 없었다. 시각정보를 수집하는 기계인 이미지센서는 있었지만, 시각정보를 스스로 나누어 인식하는 기계는 지금까지 존재하지 않았다.

49　역주-앤드류 파커(1967~)는 영국의 고생물학자로 런던 자연사박물관과 옥스퍼드대학 등에서 연구했다. 그는 캄브리아기의 생물 다양성의 폭발을 시각능력의 발전, 그리고 그 결과 가능해진 집중적 포식에 기인한다고 주장했다.

마쓰오 교수는 '눈'을 이미지 센서에 해당하는 망막뿐만 아니라, 시각 정보를 해석하는 뇌의 '제1차 시각피질'까지 포함하는 것으로 보고 있다. 이 제1차 시각피질을 재현하는 기술이 심층학습이다.

그런 의미에서 심층학습이 출현함으로써 기계가 처음으로 '눈'을 갖게 되었다고 할 수 있다. 따라서 향후 캄브리아기의 생물과 비슷하게 기계도 폭발적으로 그 종류를 늘려 지구상에 퍼져갈 것으로 전망된다.

예를 들어 지금까지 토마토를 수확하는 로봇이 없었던 것은 익은 토마토와 그렇지 않은 토마토를 가리는 '눈'이 없었기 때문이다. 기계가 '눈'을 갖지 못하면 그 활동범위는 공장의 정형화된 작업으로만 한정될 수밖에 없다.

그러나 로봇이 눈을 갖게 되면 공업뿐 아니라 농업, 건설업, 서비스업 같은 불규칙한 환경 아래서 부정형한 작업이 요구되는 현장에서도 활동할 수 있게 된다. 심층학습이 산업에 주는 충격은 헤아릴 수 없이 크다.[50]

기계가 '눈'을 가짐으로써 생기는 상상 이상의 파급효과에 대해서는 마쓰오 교수뿐만 아니라, 화상인식 연구자인 스탠포드대학의 페이 페이 리Fei Fei Li[51] 조교수도 지적하고 있다.

심층학습은 선진적인 사업가들 사이에서는 이미 잘 알려져 있다. 하지만 이 기술은 아직 비즈니스에 0.1%도 적용되지 않았다. AI가 세계를 바꾸는 것은 바로 지금부터다.

---

50 저자주 13-이상은 2017년 인공지능학회에서 발표한 마쓰오 유타카 교수의 강연 〈Deep Learning의 활용을 위한 학습공장의 구상〉에 기초하고 있다.

51 역주-페이 페이 리李飛飛(1976~)는 스탠포드대학의 컴퓨터학과 교수로 이 대학의 인간중심AI연구소 및 시각과 학습 실험실의 공동소장이다. 그의 주요 전공 분야는 AI, 기계학습, 심층학습, 컴퓨터시각과 인지뉴로사이언스다.

특징량과 특징공간

그러면 심층학습은 어떻게 물체의 특징을 찾아낼까? 먼저 '특징량'이라는 것을 살펴보자.

예를 들어 사과, 배, 바나나, 수박이라는 4종류 과일의 그림이 많이 있다고 하자. 그 그림들 중에서 비슷한 것들을 모아 그룹을 형성하는 프로그램을 생각해보자. 이것은 앞에서 설명한 유형화(클러스터링)라는 기계학습 프로그램이다.

'붉기', '둥글기', '크기' 등 세 개의 '특징량'을 이용하면, 〈그림 3-6〉과 같이 3차원 공간 위에 각 그림들을 배치할 수 있다. '특징량'이란 요컨대 '특징'을 의미하지만 일상적으로 사용하는 '특징'이라는 말과 구별하기 위해서, 이 책에서는 '특징량'이라는 용어를 쓰겠다.

이러한 특징량들을 축으로 한 공간을 '특징공간'이라고 한다. 그림에 표시하기 쉽도록 여기서는 특징량을 세 개로 해서 특징공간을 3차원으로 표현하지만, 특징량이 10개라면 10차원이 되고, 특징량이 50개라면 50차원이 된다.

〈그림 3-6〉과 같이 특징공간 위에서 거리가 가까운 것들끼리 모으면 대략 사과나 배 등의 그룹이 만들어진다. 이렇듯 그룹으로 모으는 기술이 유형화다.

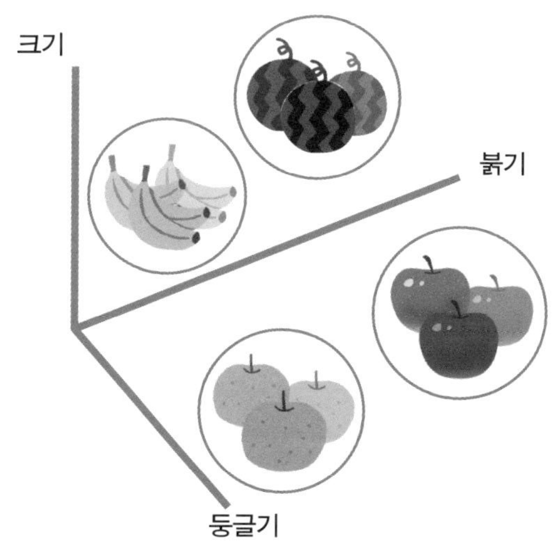

그림 3-6　　특징공간

특징량 추출의 중요성

유형화로 언제나 인간이 원하는 대로 그룹이 만들어지는 것은 아니다. 이 점에 주의할 필요가 있다. 〈그림 3-7〉과 같이 '붉기'라는 특징량이 없고, '둥글기', '크기'라는 두 특징량만으로 구성된 특징공간에서 유형화를 하면, 사과와 배는 구별되지 않고 같은 그룹에 포함되어버린다.

인간이 따로 분류 기준을 주지 않기 때문에 인간이 상정하는 것과는 다른 그룹이 형성될 수 있는 것이다. 따라서 어떤 특징량을 이용할 것인지, 즉 어떠한 특징공간을 설계할지가 유형화의 성패를 좌우한다.

유형화clustering든, 분류classification든 기존의 기술에서는 인간이 특징공간을 설계했어야 했다. 인간이 당연히 하는 '특징을 깨닫는' 일, 즉 '특징량을 추출하는' 일을 이전의 AI 기술은 할 수 없었다.[52]

유형화는 분류와는 달리 컴퓨터 스스로가 그룹을 형성하지만, 그 판단재료들의 특징량을 지금까지는 인간이 제공해줘야 했다.

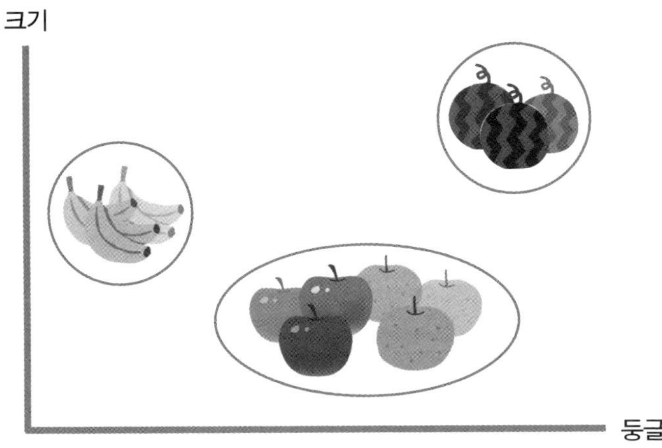

그림 3-7　　2차원의 특징공간

52　저자주 14-특징량을 추출하는 기계학습은 전문용어로 '표현학습'이라 한다.

심층학습은 바로 그 '특징량을 추출'할 수 있는 기술인데, 그 점이 획기적이라고 할 수 있다.

오토인코더로 특징량을 추출하다

앞에서 말한 것처럼 심층학습에도 몇 가지 종류가 있다. 중층 오토인코더라 불리는 심층학습은 〈그림 3-8〉처럼 오토인코더autoencoder가 여러 층위를 이루고 있다.

'오토인코더'는 앞서 소개한 단순한 인공신경망과 같은 구조로 되어 있는데, 〈그림 3-9〉처럼 입력층, 숨은층, 출력층으로 구성된다. 입력층으로 사과 그림을 넣으면, 출력층에서 사과 그림 그 자체를 복원한다. 학습과정에서 웨이트(상보)를 조정함으로써 이러한 복원이 가능해진다. 숨은층에서는 사과의 특징량이 추출된다. 특징량은 예를 들면, 사과 윤곽을 형성하는 성분인 둥근 모양의 사선이나 세로선이다.

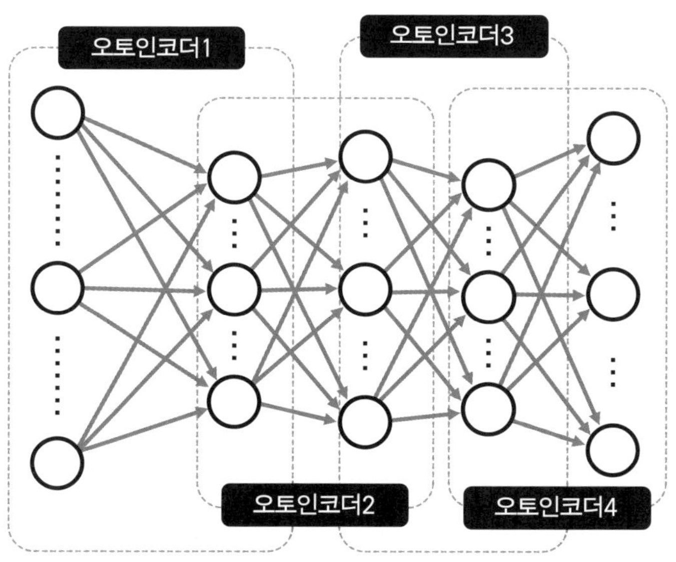

그림 3-8   중층 오토인코더

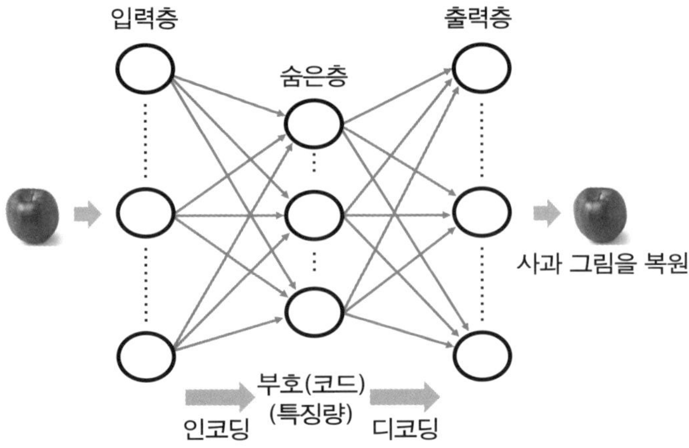

그림 3-9 **오토인코더**

특징량을 '부호'로 보면, 이것은 한 차례 그림을 인코딩encoding한 뒤 다시 디코딩decoding하는 것을 의미한다. 그래서 오토인코더라 한다.

'파일 압축'을 해본 사람이 많겠지만, 인코딩이나 디코딩은 파일을 한번 압축했다가 다시 원래대로 되돌리는 것이다. 혹은 모르스 신호에서 단어를 돈과 쓰로 나타내는 것이 인코딩이라면, 돈과 쓰를 다시 원래의 단어로 되돌리는 것이 디코딩이다.

오토인코더를 중층적으로 깊게 쌓아가다

오토인코더는 입력과 출력이 같으므로, 〈그림 3-10〉과 같이 입력층(출력층)과 숨은층이라는 2층으로 표현된다. 그리고 일정한 층위의 숨은층을 상위 층위(그림에서는 보다 오른쪽 층위)의 입력층으로 하는 형태로, 오토인코더를 쌓아 가면 중층 오토인코더가 만들어진다.

중층 오토인코더에서는 일정한 층위의 숨은층이 상위 층위의 입력층이 되면서, 하위 층위의 숨은층에서 얻은 특징량을 상위 층위로 넘겨준다. 상위 층위에서는 오토인코더로 이전과 동일한 학습이 이루어져, 하위의 특징량을 결합시킨 보다 복잡한 특징량을 얻을 수 있다. 상

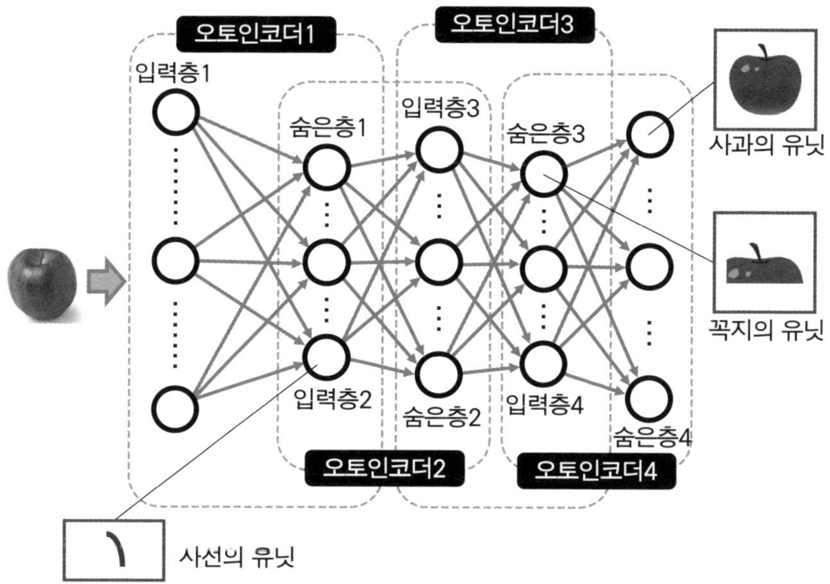

그림 3-10   중층 오토인코더에 의한 특징추출

위 층위에서는 사과의 꼭지에 해당하는 특징량이 얻어질 수도 있다.

충위가 상위로 올라감에 따라 특징량은 더욱 더 복잡해지고, 결국에는 사과의 전형적인 패턴(개념)이 얻어지게 된다. 이리하여 학습과정이 잘 진행된 뒤에 다시 사과의 그림을 입력하면 사과의 유닛이 반응하게 된다.

오토인코더의 시스템

오토인코더의 시스템에 대해서 사과보다도 간단한 그림을 이용하여 좀 더 구체적으로 설명해보자. 예를 들어 〈그림 3-11〉과 같은 7×7의 화소의 그림을 입력하려면, 입력층에는 49개의 유닛이 필요하다. 49개의 수치로 구성된 데이터의 열?을 수학에서는 '49차원 벡터'라고 부른다.

검은 화소를 1이라 하고 흰 화소를 0이라 한다면, 직사각형이 그려진

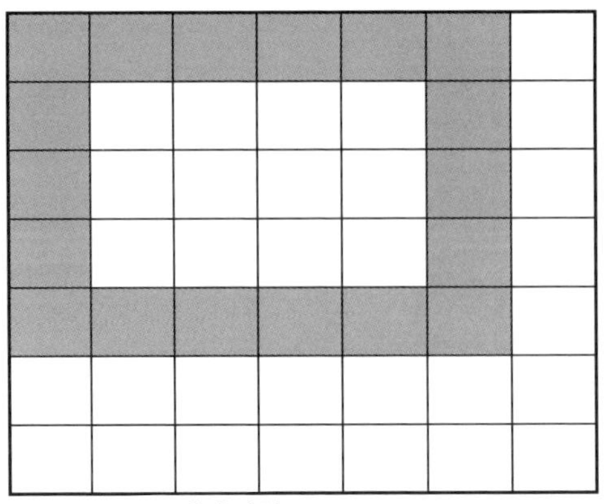

그림 3-11　**직사각형**

그림 3-12　**마름모형**

〈그림 3-11〉과 같은 그림은 (1, 1, 1, 1, 1, 1, 0,……0, 0) 등과 같이 49개의 숫자가 늘어선 벡터로 표현된다. 〈그림 3-12〉와 같은 마름모꼴의 그림이라면 (0, 0, 1, 0, 0, 0, 0,……0, 0)이 된다.

그리고 각각의 그림은 〈그림 3-13〉과 같은 49차원 공간 위의 한 점으로 자리매김할 수 있다. 그렇다고 해도 3차원까지밖에 그릴 수 없기 때문에, 49차원 공간은 머릿속에서 떠올려주기 바란다. 각각의 축은 0과 1의 눈금이 매겨져 있어 직사각형이나 마름모꼴 등의 그림은 각각의 축의 0이나 1의 장소에 자리매김된다.

숨은층에 10개의 유닛밖에 없으면, 여기에서 (1, 1, 0, 0, 1, 0, 1, 0, 0, 0)과 같은 10개의 수치로 이루어진 데이터열, 즉 '10차원 벡터'가 얻어지게 된다. 이 경우 49차원에서 10차원으로 차원이 줄어들어서 '차원삭감'이 이루어졌다고 한다.[53] 이를 '정보압축'이라고도 한다.

그리고 출력층에서는 다시 '49차원 벡터'가 된다. 학습과정에서 49차원 벡터로 복원된 직사각형 등의 그림과 원래의 그림을 비교하여 원래 그림과의 차이가 가장 작아도록 웨이트(강도)를 조정한다.

53　저자주 15-차원삭감은 오토인코더에 본질적이지 않다는 주장도 있다.

이와 같이 49차원을 숨은층에서 한번 10차원으로 줄여서 원래의 그림을 복원할 수 있는 것은 숨은층에 그림의 타당한 특징량이 보관되어 있기 때문이다.

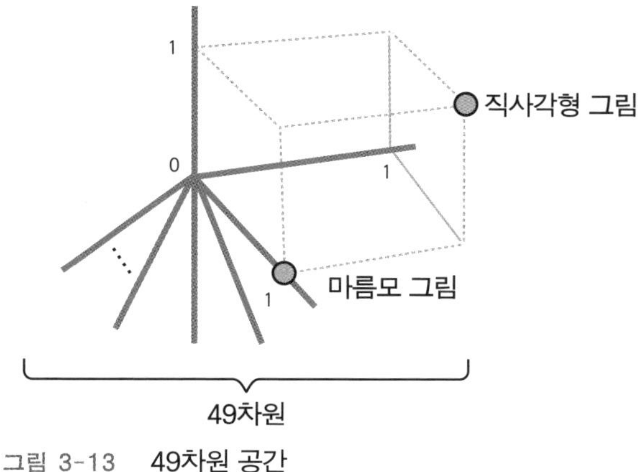

그림 3-13　49차원 공간

숨은층 하나의 유닛에는 입력층과 49개의 연결(링크)이 있다. 이러한 연결에서 49개의 웨이트값을 그림으로 만들면, 가로선이나 사선 등 도형 성분을 10개 얻을 수 있다. 이러한 10개의 도형 성분이 특징량(을 그림으로 나타낸 것)이다.

이러한 특징량을 축으로 하여 〈그림 3-14〉와 같은 10차원 공간을 구성하면, 역시 직사각형이나 마름모꼴 등 각각의 그림이 이 공간상의 한 점으로 표현되게 된다. 세로선의 성분과 가로선의 성분을 가진 직

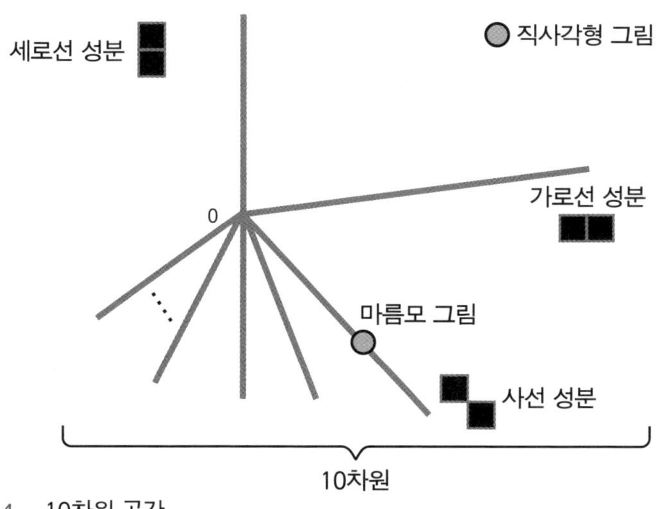

그림 3-14　10차원 공간

사각형은 〈그림 3-14〉와 같은 장소에 배치될 것이다.

고양이 얼굴의 패턴을 획득하다

2012년에 구글의 연구그룹이 개발한 프로그램 '구글 브레인Google Brain'은 인간에게 특징을 배우지 않고서도 고양이의 얼굴 패턴을 획득한 것으로 화제가 되었다.

이 '구글 브레인' 프로그램은 심층학습을 이용하고 있다. 앞에서 설명한 중층 오토인코더다. 연구진은 유튜브Youtube의 동영상에서 랜덤하게 선정된 그림(사진) 1,000만 장을 읽도록 했다. 그림(사진)들에는 고양이의 얼굴이나 인간의 얼굴 등 여러가지가 찍혀 있다.

그러자 구글 브레인은 〈그림 3-15〉와 같이 그림 속에서 고양이 얼굴에 공통되는 특징과 인간의 얼굴에 공통되는 특징을 스스로 추출했다. 아래의 층위에서는 '세로선'이나 '사선' 등의 가장자리(윤곽을 구성하는 테두리 부분)가 추출되었다.

보다 위의 층위에서는 눈, 코 등의 부분들이 추출된다. 나아가 더 상위 층위에서는 사람의 얼굴 패턴과 고양이 얼굴 패턴을 얻을 수 있다. 이 프로그램에 고양이 얼굴 그림을 보여주면 고양이 얼굴 패턴을 나타내는 유닛이 반응한다.

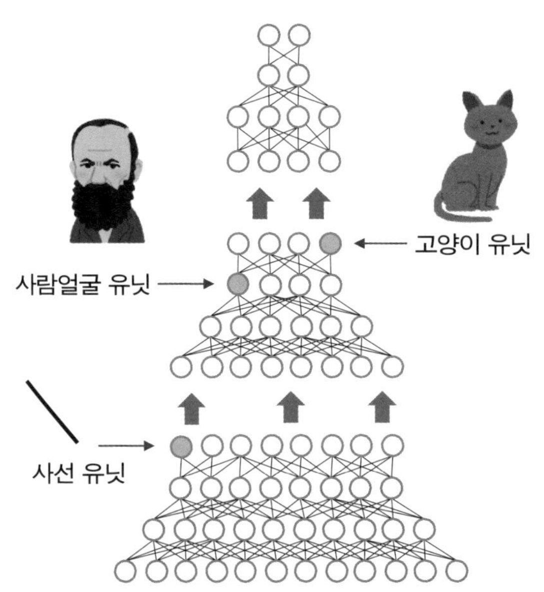

그림 3-15　구글 브레인

이처럼 구글 브레인은 어떤 특징에 주목해야 할지를 사람들에게 배우지 않고서도 고양이의 얼굴 패턴을 획득하는 데 성공했다. 지금까지 생명만이 스스로 세계를 나누어 인식하는 존재였지만, 심층학습을 통해 기계도 삼라만상에서 패턴을 발견하고 세계를 나누어 인식하는 존재가 되었음을 의미한다.

인간이 일일이 인식 대상이 되는 물체의 특징을 가르쳐주어야 한다면, 인간이 모르는 사이에 AI가 경이적으로 똑똑해지는 일이 일어나지는 않을 것이다. 그런데 심층학습의 출현 이후 앞으로의 AI는 인간에게 물체의 특징을 배울 필요가 없기 때문에, 제 스스로 얼마든지 똑똑해질 가능성이 있다.

그림에 설명을 달다

오늘날 심층학습의 응용 범위는 급속히 확대되고 있다. 예를 들면 구글이 개발한 '뉴럴 이미지 캡션 제너레이터Neural Image Caption Generator'라는 프로그램은 그림에 설명을 붙일 수 있다. 예를 들면 사람이 진흙길을 오토바이로 달리는 그림을 입력하면 그대로 '진흙길을 오토바이로 달리는 사람'이라는 텍스트를 생성한다.

이 프로그램도 심층학습에 근거하고 있으며, 그림을 해석하는 기능을 '합성곱 인공신경망Convolutional Neural Network/CNN'이 담당하고, 텍스트를 생성하는 기능을 '재귀형 인공신경망'이 담당한다.

페이스북은, 이와 반대로 텍스트로 그림을 생성하는 프로그램을 개발했다. 이 프로그램에 'beach'라고 입력하면 실제로 해변의 그림이 그려진다.

이들 기술은 바로 기호와 이미지가 컴퓨터 속에서 결합되는 것이다. 향후 AI 연구의 주요한 주제 영역으로 자리매김되고 있는 '심볼 그

라운딩symbol grounding 문제'[54]를 해결할수 있는 성과가 일반인들의
눈에도 가시화되기 시작했다.

5. DQN: 직관적 사고에 근거하여 게임을 플레이하다

심층학습과 강화학습

AI에게 기호와 이미지(그리고 의미)가 결합되는 것, 즉 심볼 그라운딩
문제의 해결은 21세기 AI 연구의 중요한 주제다. 그것은 연구자들 사
이에서도 널리 공유되고 있다.

　나아가 나는 이미지를 이용한 직관적인 사고도 중요한 주제라고 생
각한다. 바둑 AI인 알파고를 개발한 딥 마인드사는 바로 이런 주제의
연구에 주력하고 있다.

　이 회사가 알파고 이전에 개발한 'DQN(Deep Q-network)'이라는 프
로그램은 심층학습과 강화학습(Q학습)에 기초하여 블록 부수기, 핀볼,
인베이더 게임invader game 등 옛날에 유행한 49개의 간단한 컴퓨터 게
임을 플레이한다.

　DQN에는 게임의 화면이 입력으로 주어지고 게임의 점수(득점)가
강화학습의 보상으로 설정되어 있을 뿐이다. 인간에게서 각각의 게임
규칙을 전혀 배우지 않고, 게임별로 특별한 설정도 필요없다.

　DQN은 그 스스로 각 게임의 실행방식을 모두 습득하였고, 49개의

54　역주-심볼 그라운딩 문제는 얼마나 단어(기호)가 의미를 획득하고 있
는지, 그리고 그 의미가 실제로 무엇인지 하는 문제를 가리킨다. 이를 다른
말로는 '기호 접지記號接地의 문제'라고도 한다.

게임 중 29개에서는 인간의 프로게이머들과 동등한 수준 혹은 그 이상
의 점수를 기록하였다.

블록 부수기의 비법도 마스터

예를 들면 〈그림 3-16〉의 '블록 부수기'는 날아온 공을 화면 아래의 막
대로 테니스처럼 튀겨, 공에 맞은 블록이 부서지면 득점하는 게임이다.

처음에 DQN은 막대를 좌우로 무작위적으로 움직일 뿐이었다. 하
지만 우연히 막대에 공이 맞아 블록이 부서져 점수, 즉 보상을 얻으면,
막대에 공을 맞히는 행동이 강화된다. 기계학습을 시작한 지 2시간 정
도가 지나면 막대에 거의 언제나 공을 맞히게 된다.

4시간이 지나면 인간이 짜낸 비법을 DQN도 스스로 체득한다. 그
것은 블록의 특정한 부분을 집중적으로 부수어서 공이 블록들의 뒤쪽
에서 움직이게 한다는 것이다. 그러면 위의 벽과 블록 사이를 공이 상
하로 왔다갔다 튀면서 많은 블록을 깨뜨릴 수 있다.

DQN은 스스로 화면을 보고 시행착오하면서 점수를 늘리는 요령을
터득해간다. 인간이 명확
하게 규칙을 가르치지 않
아도 그냥 직감적으로 사
물의 조작방식을 터득하
는 것이다. 마침내 AI가 이
전에 잘 하지 못할 것이라
고 여겨지던 '그냥'의 감각
을 익히게 된 것이다.

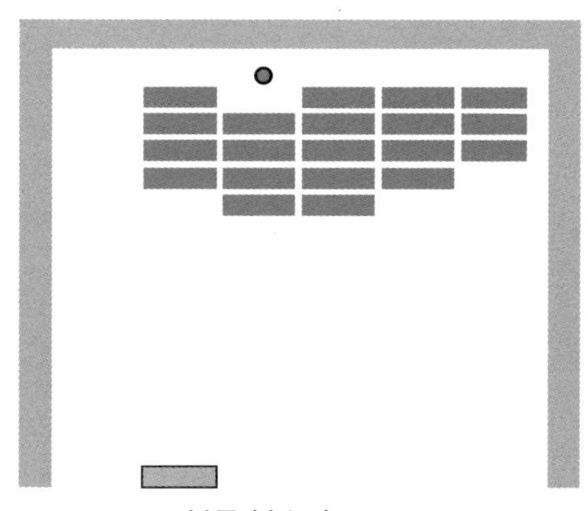

그림 3-16　블록 부수기

DQN은 범용AI로 가는 길을 개척한다?

예전에는 컴퓨터가 블록 부수기를 플레이하려면 블록 부수기용 AI 프로그램을, 핀볼을 플레이하려면 핀볼용 AI 프로그램을 인간이 각각 만들어야 했다.

하지만 DQN은 하나의 AI지만, 마치 각 게임에 맞는 프로그램을 스스로 생성하여 실행하는 것처럼 여러 게임을 플레이할 수 있다.

인간의 뇌가 정보를 받아들임으로써 사고패턴을 만들어 내는 것처럼, DQN도 읽어들인 게임 실행 동영상을 자료로 해서 게임을 공략하기 위한 사고패턴을 만들어낸 것이다.

이렇게 DQN을 생각하면, 최근에 빈번히 듣는 "심층학습이 범용AI의 길을 열었다"는 말이 일정한 타당성을 가질 것으로 보인다.

물론 인간과 비교해보면 DQN은 상당히 단순하다. 사고의 대상은 2차원의 간단한 게임으로 한정되어 있고, 목적은 게임의 득점을 올리는 것뿐이다.

그러나 DQN에 이용된 '심층강화학습(심층학습+강화학습)'이라는 기술이 이미 로봇과 결합함으로써, 3차원의 현실세계를 사고대상으로 할 수 있게 되었다.

DQN에 주어지는 데이터는 게임의 동영상뿐이었지만, 눈을 가진 로봇에게 주어지는 데이터는 잠재적으로 세계의 모든 것이다. 따라서 심층강화학습의 연장선상에서, 모든 상황 속에서 보상을 최대화하는 사고패턴(방책)을 만들어낼 수 있는 범용성 높은 AI가 출현할 수 있다. 그것을 일단 '범용강화학습기'라고 해두자.[55]

---

55 저자주 16-DQN도 단순한 게임 세계에서는 프레임 문제를 해결했다고 할 수 있다. '범용강화학습기'가 출현하면, AI는 인간과 마찬가지로 프레

독일의 AI 연구자이자 물리학자인 마커스 허터Marcus Hutter[56]는 '만
능AI Universal Artificial Intelligence'라는 개념을 제시하였다. 이것은 어
떠한 상황 하에서도 얻어진 정보에 근거해 보상(평생에 걸친 기대보상의
총합)을 최대화하는 AI다.

'만능AI'는 말의 의미가 너무 강하기 때문에, 이 책에서는 조금 조
심스럽게 '범용강화학습기'라는 새로운 용어를 사용한다.

임 문제를 해결할 수 있게 될 것이다.

[56] 역주-마커스 허터(1967~)는 독일의 컴퓨터 과학자로 오스트레일리아
대학의 교수다. 그는 범용AI에 대한 수학이론을 발전시켰고, 2005년 『만능
인공지능』이라는 저서를 출판했다.

범용AI: 인간 수준의 AI는 실현 가능한가?

0. 이 장에서 설명할 것

지금 심층학습이 AI붐을 일으키는 것은 비즈니스에 활용할 수 있다는 점 이외에, 그것이 범용AI 실현의 길을 열고 경우에 따라서는 기술적 특이점singularity를 야기할 수도 있다고 생각하기 때문이다.

이 장에서는 범용AI가 어떻게 실현될 수 있을 지에 대해 논한다. 특히 그 방법으로 '전뇌全腦 아키텍처whole brain architecture'와 '전뇌 복사whole brain emulation'를 비교 검토한다.

1. 범용AI란 무엇인가?

범용성과 자율성

히타치日立제작소의 'H'라는 AI는 인간이 맞춤설계를 하지 않아도 여러 가지 일에 이용할 수 있기 때문에, 이 회사는 이것을 '범용AI'라 부르고 있다.

그런데 '범용AI'라 하는 것은 맞지 않다는 비판이 일부 있다. 왜냐하면 보통 '범용AI'는 인간과 동일한 수준의 폭넓은 지적 활동을 할 수 있는 AI를 의미하기 때문이다. 히타치의 H는 인간처럼 대화를 하거나 사무작업을 할 수 없다.

하지만 '범용'이라는 말의 의미로 보아, DQN과 마찬가지로 히타치의 H를 범용AI라고 해도 틀린 말은 아니다. 범용성이란 정도 문제이자 단계적 차이gradation의 문제이기 때문이다.

따라서 이른바 '범용AI'는 '인간형 AI' 혹은 '뇌형(腦型) AI'라고 하는 게 더 적합할 수도 있다. 이하에서는 관례대로 '범용AI'를 인간형 AI에 가까운 의미로 사용하겠지만, 범용AI와 특화형AI 사이에 일정한 연속성이 있음을 생각해두기 바란다.

다만 AI의 범용성을 높여가면 그 자체로 인간처럼 활동할 수 있게 될지 단언할 수는 없다. 인간의 지적 능력은 범용성뿐만 아니라 자율성도 높기 때문이다.

〈그림 4-1〉은 가로축이 범용성, 세로축이 자율성의 정도다.[57] 심층강화학습을 도입한 DQN과 같은 AI는 보통의 특화형 AI보다 범용성이 높고 자율성도 약간 높다. 나아가 범용성이 높아진 AI로 '범용강화학습기'를 생각할 수 있다.

거기서 더 나아가 '언어의 장벽'을 넘어서면 '사회', '시장', '교통' 등과 같은 고차의 언어도 자유롭게 잘 구사하는 AI가 나타날 것이다. 그에 따라 AI는 예컨대 소설이나 영화를 평론할 수도 있을 것이다.

사고를 사고하는 능력, 즉 '메타사고력'을 지니는 것이다. 그에 대해서는 다음 장에서 자세하게 논하겠다. 여기서는 메타사고력을 갖게

57　저자주 17-NPO '전뇌 아키텍처 이니셔티브'의 부대표 다카하시 고이치高橋恒一의 그림에 기초해 만들었다.

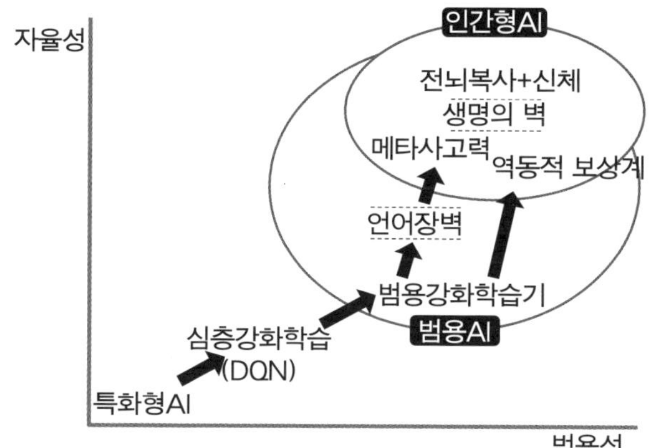

그림 4-1　범용성과 자율성

됨으로써 스스로 생각하고 행동하는 능력이 한층 더 향상될 것이라는 점을 지적하는 성노도 범추겠다. 지적인 면에시 AI기 지율성을 향상시키는 것이다.

한편 지금의 강화학습은 보상이 고정되어 있지만, 보상 자체가 역동적으로 변화하는 AI가 있을 수 있다. 이런 AI는 이제 목적을 인간에게서 부여받는 것이 아니라, 인간처럼 스스로 목적을 만들어낼 것이다. 이것은 감정적인 면에서 AI가 자율성을 높인다는 의미다. 이 점에 대해서는 제6장에서 논한다.

앞서 말한 것처럼 일반적으로 쓰이는 '범용AI'와 '인간형AI'는 의미가 상당히 가깝지만, 인간형AI는 범용AI 가운데서도 지적이고 감정적 면에서 자율성이 훨씬 향상된 것이라 할 수 있다.

범용AI의 개발 경쟁이 시작되었다

범용AI는 1997년 마크 구브러드Mark Avrum Gubrud[58]가 제안했고 벤

58　역주-마크 애브럼 구브러드는 미국의 물리학자이며, 노스캐롤라이나

괴르첼Ben Goertzel[59]과 페이 왕Pei Wang[60] 등이 보다 상세하게 논의하였다. 2012년에는 이들이 편집한 범용AI에 관한 논문집이 출판되었다. 괴르첼은 특히 범용AI의 창안자로 그 세계에서는 아주 유명하다.

여담이지만 괴르첼은 범용AI의 판별방법으로 "대학에 입학해 수업을 듣고 학점을 따고 졸업할 수 있을지" 여부를 들고 있다. 과목에 따라 다르겠지만, 대학교육은 메타사고력이 없으면 이수할 수 없다. 레포트나 논문을 쓰려면 사고에 대해 사고하는 능력이 필요하다.

2015년경부터 세계적으로 범용AI의 개발 경쟁이 시작되었다. 실리콘밸리의 기업가 제프 호킨스Jeffrey Hawkins[61]가 이끄는 '누멘타Numenta'나 구글 산하의 '딥 마인드Deep Mind'가 세계적으로 유명하다. 이밖에 제1장에서 소개한 일본의 비영리단체 '전뇌 아키텍처 이니셔티브'와 체코의 '굿AI(GoodAI)'가 있다.

〈그림 4-2〉는 여러 범용AI의 연구개발을 진행시키는 프로젝트를 보여주고 있다.[62] 세로는 '생물 모방적-공학설계적' 축이며 가로는 '신

대학의 평화, 전쟁과 방위 교육과정 소속교수로, 국제로봇무기통제위원회 The International Committee for Robot Arms Control의 위원이다.

59 역주-벤 괴르첼(1966~)은 블록체인 기반형 AI 시장인 싱귤레리티넷 SingularityNET의 창립자이자 CEO다.

60 역주-페이 왕은 중국출신의 컴퓨터 및 인공지능 과학자로 미국 템플대학의 컴퓨터 및 정보과학과 교수며, 주요 연구분야는 범용AI와 인지과학이다.

61 역주-제프 호킨스(1957~)는 팜과 핸드스프링의 창안자로『생각하는 뇌, 생각하는 컴퓨터』를 쓴 것으로 유명하다. 그는 2005년에 누멘타를 설립해 패턴인식 소프트웨어의 개발을 진행했는데, 이것은 '계층형 일시기억階層型 一時記憶'이라 불리운다.

62 저자주 18-이 그림은 야마카와 히로시山川宏가 만든 그림에 기초하고 있다.

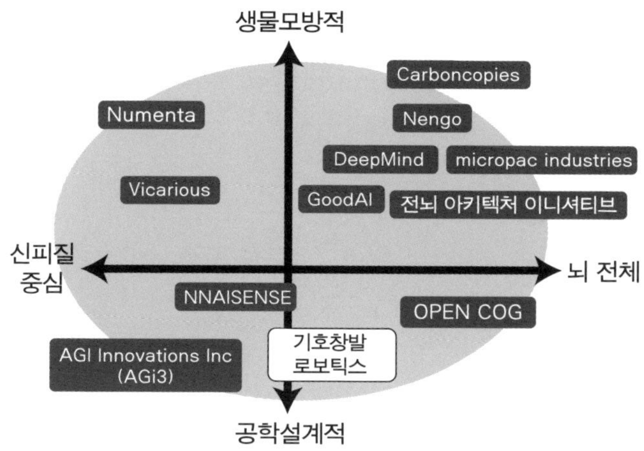

그림 4-2   범용AI 연구개발 프로젝트

피질-뇌전체'의 축을 보여준다.

인간의 뇌를 모방하는 경향이 있는 프로젝트는 위쪽에, 인간의 뇌를 모방하지 않고 인간이 스스로 설계해 범용적인 기능을 실현하려는 프로젝트는 아래쪽에 있다.

그리고 인간의 '대뇌 신피질大腦新皮質'에 해당하는 기능만을 재현하려는 프로젝트는 왼쪽에, 뇌의 모든 기능을 재현하려고 하는 프로젝트는 오른쪽에 나타냈다.

대뇌신피질인가 전뇌인가?

인간의 뇌는 대뇌 신피질Cerebral cortex, 대뇌변연계大腦邊緣系Limbic system, 소뇌小腦Cerebellum 등 크게 세부분으로 나뉜다. '대뇌 신피질'은 이성적, 합리적 판단, 논리적 사고, 언어 등을 관장하고 있으며, 다른 동물에 비해 인간에게 고도로 발달한 뇌의 부위다.

'대뇌 변연계'는 감정과 쾌락, 동기 등을 관장하는데, 그 중에서도 중요한 부위는 '해마'와 '기저핵'이다. '소뇌'는 지각과 운동기능을 통합하는데, 우리가 자전거를 탈 수 있는 것은 이 소뇌가 있기 때문이다.

누멘타를 설립한 호킨스는 대뇌 신피질이야말로 지성의 원천이기 때문에, 뇌의 다른 부위를 AI로 재현할 필요가 없다는 입장이다. 그래서 누멘타는 〈그림 4-2〉의 가장 왼쪽에 위치해 있다.

그에 비해 전뇌 아키텍처 이니셔티브는 가장 오른쪽에 위치한다. 이 단체는 감정과 동기 등 대뇌 변연계에 해당하는 기능도 인간 지성의 중요한 일부이기 때문에 뇌의 모든 부위를 재현해야 한다는 입장이다.

전뇌 복사 vs 전뇌 아키텍처

뇌를 모방하여 범용AI를 실현하는 궁극적 방법으로 '전뇌 복사'가 있다. 이것은 뇌 신경계의 네트워크 구조의 전부—혹은 분자 수준에서 모든 뇌—를 스캔해서 컴퓨터에서 재현하는 방법이다.

실현 전망이 있는 구체적인 프로젝트는 아직 존재하지 않지만, 만약 그러한 프로젝트가 있다면 〈그림 4-2〉의 가장 위에 위치할 것이다.

마찬가지로 전뇌를 재현하는 방법인 '전뇌 아키텍처'는 해마나 기저핵 등 뇌의 각 부위별 기능을 프로그램으로 재현한 뒤 나중에 결합하는 방법을 취한다.

뇌를 모방해 AI를 만든다면 '복사'와 '(뇌의) 리버스 엔지니어링'이라는 두 개의 접근이 있을 수 있다. 전자는 뇌의 신경계 구조를 복사한다. 후자는 뇌의 기능을 공학적으로 재현한다. 이 두 가지가 뒤섞여 논의될 때가 적지 않지만, 지금부터는 양자를 구별해 논의하겠다.

그리고 이를 각각 전뇌에 적용하면 '전뇌 복사'와 '전뇌 아키텍처'가 된다.

이 두 가지를 비교 검토하는 것은 철학적으로 의미가 있다. 왜냐하면 "인간의 지성이란 무엇인가?", "범용AI는 어디까지 인간의 지성을 따라잡을 수 있을 것인가?"라는 질문에 대한 답변의 실마리를 발견할 수 있기 때문이다.

2. 전뇌 복사: 인간의 뇌를 복사할 수 있을까?

전뇌 복사의 어려움

유럽의 '휴먼 브레인 프로젝트'와 미국의 '브레인 이니셔티브'라는 거대 프로젝트는 각각의 방법으로 뇌의 전모를 해명해 알츠하이머병이나 조현병 등 정신적인 병의 원인을 밝혀내려고 하고 있다.

이러한 프로젝트를 발판삼아 전뇌 복사 방식으로 범용AI를 구현할 수 있지 않을까 기대가 커지고 있다. 하지만 현재 전뇌 복사를 통해 범용AI를 실현시키겠다는 프로젝트는 존재하지 않는다. 전뇌 복사를 통한 범용AI의 실현은 어려울 것이라고 일반적으로 생각되고 있다.

뇌를 어느 정도로 상세하게 복사해야 인간의 지성을 재현할 수 있는지에 대해서는,

(1) 원자, 분자 수준까지 모두 복사할 필요가 있다
(2) 신경계의 네트워크 구조를 꽤 상세하게 복사할 필요가 있다
(3) 신경계의 네트워크 구조는 지나치게 크므로, 그 중에 주요한 부분만 해도 된다

는 등의 견해로 나뉜다. 휴먼 브레인 프로젝트를 이끌고 있는 남아공

출신의 신경학자 헨리 마크램Henry John Markram[63]은 (1)을 주장하지만 그 정도로 상세한 복사는 불필요하다는 비판을 받고 있다. 커즈와일은 (3)를 주장하지만, 가장 유력한 것은 (2)일 것이다.

커넥톰

'신경계 네트워크 구조의 전부'를 나타낸 도면을 '커넥톰connectome(신경회로 지도)'이라고 한다. 즉 인간 뇌의 커넥톰을 만들 수 있으면 전뇌 복사가 가능해지지 않을까 생각된다.

인간의 뇌에 포함된 천억 개의 뉴런과 백조 개의 시냅스에 대한 완전한 도면인 '인간 커넥톰'은 인간의 생체정보 가운데 '인간 게놈' 다음으로 과학자들이 획득하려고 하는 목표가 되고 있다.

인간의 유전자 정보인 '인간 게놈'은 2003년 해독이 끝났지만, '인간 게놈'의 뇌신경계 버전이라고 할 수 있는 '인간 커넥톰'의 해독은 이제 막 시작되었다.

인간의 뇌가 아니라 'C 엘레강스'라는 선충의 신경계에 대한 전뇌 복사는 대체로 실현되었다. 우아한 이름이 붙은 이 생물이 갖고 있는 302개의 뉴런과 6,393개의 시냅스에 대한 모든 것이 밝혀졌다. C 엘레강스는 인류가 커넥톰을 해독한 몇 안 되는 생물이다.

다만 이는 신경계의 정적인 구조를 입수한 것뿐이지, 동적인 활동까지 모두 규명한 것은 아니다. 후자에 대해서는 아직도 연구중이다.

어쨌든 인간 커넥톰을 손에 넣기까지는 상당한 시간이 걸릴 것이

---

63 역주-헨리 존 마크램(1962~)은 남아공 출신 이스라엘의 신경과학자로 스위스의 EPFL의 교수이며, '블루 브레인 프로젝트Blue Brain Project'를 지휘했고 '휴먼 브레인 프로젝트'를 탄생시켰다.

다. C 엘레강스의 커넥톰에 비해 인간 커넥톰은 글자 그대로 차원이 달라도 너무 다르기 때문이다.

프린스턴대 교수이자 커넥톰 연구의 일인자인 세바스티안 승Sebastian Seung[64]은 이번 세기말에 인류가 인간 커넥톰을 손에 넣을 수 있을 것이라 예상했다. 이런 점에서 전뇌 복사는 적어도 이번 세기 전반기에는 유망한 어프로치라고 할 수 없을 것이다.

단 여기서 중요한 것은 당분간 전뇌 복사가 현실적으로 어렵다 해도 원리적으로 불가능하지는 않다는 점이다. 나아가 전뇌 복사가 실현되면 인간의 뇌 활동을 거의 완전히 재현할 수 있다.

신체와의 접속

전뇌 복사가 가능하게 되었다고 해도 AI가 인간과 같은 지적 활동을 하려면 신체가 필요하다. 신체로는 로봇과 같은 물리적인 신체와 컴퓨터상의 가상의 신체를 생각할 수 있다.

컴퓨터상의 뇌 복제인 AI와 로봇을 결합해, AI가 원하는 대로 로봇 신체를 활동하게 하는 것은 터무니없이 어려워보일 수 있다. 하지만 지금도 인간의 뇌와 기계를 접속해 생각하는 대로 기계를 움직이는 기술인 '브레인 머신 인터페이스(BMI)'가 고도로 발달하고 있다. 이 기술을 이용하면 전신불수인 사람도 생각만으로 기계 팔을 움직여 커피를 마실 수 있고 에어컨을 켜거나 끌 수도 있다.

64　역주-세바스티안 승(승현준承現峻)은 한국계 미국인 학제간 전문가로 신경과학, 물리학, 바이오정보학 등에 걸쳐 연구를 진행하고 있다. 그는 MIT의 두뇌인지과학과의 컴퓨터 신경과학, 물리학과 교수를 역임했고, 현재는 프린스턴대학의 교수다.

나는 BMI가 전신의 근육을 움직일 수 없는 '근위축성 측색경화증
筋萎縮性側索硬化症/ALS'과 같이 엄청난 부자유를 강요받는 환자에게 큰
희망을 주는 기술이 될 것으로 큰 관심을 갖고 있다.

BMI를 응용하면 전뇌 복사로 만들어진 범용AI와 로봇을 접속할 수
있을 것이다. 그 때 로봇이 인간을 빼닮은 몸매를 갖고 있을 필요는 없다.

AI가 인간 뇌의 모사체일지라도 몸은 인간을 모사할 필요는 없고, 극
단적으로 다리 대신에 바퀴가 달려 있어도 상관없다. 인간이 BMI로 기
계팔을 움직이는 것과 같이 AI는 로봇 바퀴를 움직일 수 있게 될 것이다.

실제로 컴퓨터상에서 재현된 C 엘레강스의 신경계에 가상 근육을
붙여서 가상의 물속에서 헤엄치도록 하는 연구뿐만 아니라, 레고블록
의 몸에 바퀴를 붙여 실제 공간 위를 움직여 돌아다니도록 하는 연구
도 진행중이다.

마인드 업로딩

전뇌 복사가 다른 범용AI를 실현하는 방법과 비교해 두드러지는 점은
인간의 지성 일반을 재현하는 것이 아니라 특정한 개인의 뇌를 재현한
다는 점이다.

전뇌 아키텍처라면 누구에게나 있는 해마나 기저핵 등의 기능을 재
현하는 프로그램을 각각 구축할 것이다. 특정한 인간의 해마나 기저핵
등을 재현하는 것은 아니다.

그에 비해 전뇌 복사를 하려면 누군가 특정한 인간의 뇌를 복사해
야 한다. 따라서 개인의 인격과 기억도 컴퓨터에 복사될 것이다. 이것
이 인간의 의식을 컴퓨터로 이동시키는 것이라면, 그 기술은 '마인드
업로딩(업로드)'이라고 부를 수 있다.

그런데 업로드는 기술적인 문제뿐 아니라 철학적인 문제를 안고 있

다. 컴퓨터상에 나의 신경계가 재현되었지만, 그것은 쌍둥이 같은 내 복사본이 생긴 것일 뿐이고 내 의식이 그쪽으로 옮겨간 것은 아니라고 생각할 수 있기 때문이다.

모라벡은 인간의 의식이 그 신체의 물질성에 의거한다는 생각을 '신체본성론'이라고 명명했다. 이와 달리 인간의 의식이 물질성으로부터 해방된 '패턴'에서 생긴다는 생각을 '패턴본성론'이라고 하였다. 후자에 따르면, 나의 신경계 네트워크 구조와 동일한 패턴이 소프트웨어로 존재한다면, 나의 의식은 거기에도 존재하게 된다.

그 소프트웨어를 다른 컴퓨터에 복사할 때마다 나의 의식은 증식하고 그것이 하나라도 남으면 나는 살아 있는 것이다. 정확히 중요한 문장 파일의 백업이 어딘가 컴퓨터에 남아있기만 하다면 다시 열람할 수 있다. 그와 마찬가지로 내 마음의 복사본이 기억매체의 어딘가에 남아 있다면, 내 의식은 되살아날 수 있다. 정말로 그런 일이 일어날 수 있을까?

의식과 신체의 관계에 관한 문제는 '심신 문제'라고 불리는데, 근대 유럽에서는 데카르트나 라이프니츠, 스피노자 등 철학자들이 누차 논해왔다. 그런 문제는 속세를 떠난 학자들의 일이며, 실제 사회에서 열심히 살아가고 있는 건실한 인간에게는 아무런 상관이 없는 무의미한 주제라고 생각하는 사람도 있을 것이다.

그렇지만 미래에는 그 누구라도 이 문제에 직면할 가능성이 있다. 기술적으로 자신의 마음을 컴퓨터에 업로드할 수 있을지 모르기 때문이다. 기술의 발전에 따라 실생활의 문제로 다시 등장할 수 있는 심신 문제를 철학자이자 AI 연구자인 니시카와 아사키西川アサキ[65]는 '공학적

---

65 역주-니시카와 아사키(1975~)는 일본의 철학자로 인공지능에 정통하며,『혼과 몸, 뇌 : 계산기와 들뢰즈에서 생각하는 심신 문제』(2011),『혼의

심신 문제'라고 명명했다.

　나는 이 문제에 대해서 수구적守舊的이며, 상식적인 일반 시민이 보다 더 지지하는 신체본성론이 옳다고 생각한다. 내 뇌의 패턴이 어딘가 컴퓨터에 재현되어 있다 해도, 나의 이 신체가 파괴되어버리면 나는 죽을 수밖에 없기 때문이다.

3. 전뇌 아키텍처: 공학적으로 뇌의 기능을 모방할 수 있는가?

전뇌 아키텍처란 무엇인가?

전뇌 아키텍처는 전뇌 복사와 달리 '인간 커넥톰'을 만들기보다 뇌의 기능을 재현하는 데 무게가 실린다. '해마', '기저핵', '대뇌 신피질' 등 뇌의 각 부위별 기능을 '기계학습기'로 재현해 결합하는 방법을 취한다.

　'해마'는 에피소드 기억을 담당하는 뇌 부위인데 그 기억이 조금씩 대뇌 신피질로 전송된다는 것이 알려져 있다. 더욱이 해마는 '자기 위치 추정'이라 해서 인간이 자신의 위치를 알아내는 데에도 기능한다.

　해마의 활동을 심층학습으로 재현하는 연구가 진행되고 있는데, 해마는 아직 수수께끼가 많아 더욱 진전된 해명이 필요한 부분이다.

　'기저핵'은 앞 장에서 설명한 바와 같이 보상계를 관장하고 있으므로, 일반적으로는 강화학습으로 재현할 수 있다고 생각된다. 기저핵이 특히 DQN과 비슷한 처리를 행하고 있다는 설도 있다.

　'대뇌 신피질'은 '1차 운동중추'나 '1차 시각중추' 등 50개 정도의 영역으로 나뉘어지지만, 그 영역마다 프로그램이 필요해질 가능성도 있다.

층위: 사회시스템에서 심신문제로』(2014) 등의 저작이 있다.

또 대뇌 신피질을 크게 시각이나 청각을 처리하는 '지각처리 부위', 근육에 명령을 보내는 '실행처리 부위', 각종 감각과 운동을 통합하는 '연합처리 부위'로 나누어볼 수 있는데,[66] 그런 부위별로 프로그램을 만들어야 할지도 모른다.

어쨌든 일본에서는 2013년에 '전뇌 아키텍처'라는 이름의 프로젝트가 범용AI를 만들어내기 위해 시작되었다. 2015년 8월에는 '전뇌 아키텍처 이니셔티브'라는 NPO 법인이 설립되었다.

전뇌 아키텍처는 범용AI를 실현하기 위한 시도로 전뇌 복사보다 유력하다고 생각된다. 왜냐하면 천억 개의 뉴런과 백조 개의 시냅스를 통째로 재현하겠다는 터무니없는 시도보다도, 뇌의 각 부위별 기능을 프로그램으로 재현하고 다시 이를 결합하는 방법이 손쉽고 현실적으로 보이기 때문이다.

전뇌 아키텍처를 가능하게 하는 조건

'전뇌 아키텍처 이니셔티브'의 부대표인 이화학연구소理化學研究所의 다카하시 고이치高橋恒一[67]는 전뇌 아키텍처 접근을 가능하게 하는 조건을
 -뇌는 모듈로 나뉜다(분해 가능성)
 -각 모듈은 기계학습기다
 -이들 기계학습기를 조합하면 기능, 즉 지성이 만들어진다

---

66 저자주 19-https://wba-initiative.org/2357/

67 역주-다카하시 고이치는 일본 이화학연구소의 연구실주재(主宰)며, '전뇌 아키텍처 이니셔티브'의 이사 겸 부대표다. 에피스트라 주식회사의 공동창업자고 게이오SFC의 특임교수를 역임하였다.

는 3개의 가설로 정리했다.

뇌 속의 해마나 기저핵 등의 각 부위가 독립적으로 기능하고 있다면 뇌는 모듈로 나뉜다. 또한 이러한 뇌의 각 부위를 '기계학습기'로 생각할 수 있다면, 기계학습 기술을 응용함으로써 모듈별로 프로그램을 개발할 수 있다.

게다가 인간의 뇌가 그러한 기계학습기를 조합해서 여러 가지 지성을 작동시키고 있다면, 프로그램들을 조합함으로써 인간과 같은 지성을 발휘하도록 할 수 있을 것이다. 이렇게 할 수 있다면, 전뇌 아키텍처 방식으로 순조롭게 범용AI의 연구개발을 진행할 수 있을 것이다.

이 접근법은 전체 뇌복사와 같은 '육체노동'과는 상당히 다르다. 특히 커즈와일이 말하는 방법으로 전뇌 복사를 할 경우에 뇌의 각 부위의 메커니즘을 깊게 해명할 필요가 없으며, 뇌의 내용을 빠짐없이 나노로봇으로 스캔해 그 신경계의 네트워크 구조를 데이터화할 수 있으면 된다.

그에 반해 전뇌 아키텍처는 뇌과학이나 신경과학의 식견을 배우면서, 각 부위의 기능을 기계학습기로 정성껏 재현해나간다.

그렇다고 해도 전뇌 아키텍처 방식의 범용AI를 개발하는 데 이미 부분적으로 밝혀진 커넥톰은 중요한 참고자료가 된다. 특히 기계학습기를 어떻게 결합시켜야 하는지에 대해 인간 뇌의 메조스코픽meso-scopic(거시도 미시도 아닌 중간적)한 수준의 신경계 연결은 커다란 시사점을 준다.

4. 전뇌 아키텍처는 인간의 뇌를 어디까지 따라잡을까?

인공지능과 자연지능의 차이

전뇌 아키텍처 이니셔티브에 속한 몇몇 연구자는 지금부터 11년 뒤인 2030년 무렵에는 범용AI가 출현할 것으로 예상한다. 그러나 그때 생기는 범용AI는 체스나 장기의 기능, 지식량, 계산력, 물체 인식능력 등의 측면에서 인간을 압도하겠지만, 일부 분야에서는 인간의 지성을 넘어서지 못할 수 있다.

넘어설 수 없는 요인을 한 마디로 말하면 '생명의 벽'이 가로막혀 있기 때문이다. AI가 살아 있는 생명인 인간의 지능이 아니기 때문에 생기는 불리함이 존재할 가능성이 있다는 이야기다.

"인공지능과 자연지능의 차이는 메워질 수 없다"고 말할 수도 있다. 자연지능이란 진화의 오랜 과정 끝에 나타난 우리 자신의 두뇌다.

전뇌 복사 방식이라면 '인공지능과 자연지능의 차이'는 원리적으로 제로가 될 것이다. 신경계의 네트워크 구조가 지성의 모든 활동을 결정한다면, 그것을 재현한 소프트웨어는 원리적으로 인간의 뇌와 완전히 똑같은 활동을 하게 된다(다만 인간과 완전히 똑같은 몸을 가지지 않기 때문에 생기는 차이는 존재한다).

이는 인공지능이라 하지만 자연의 뇌를 복사한 것이며, 인위적으로 설계해 만든 것이 아니기 때문에 자연지능이라고 불러도 좋을 것이다. 이러한 자연적 인공지능에 대해 인간 자신도 어떤 메커니즘으로 지성이 창조되는지를 이해할 수 없다.

반면 전뇌 아키텍처 방식으로 AI를 개발할 때는 아무래도 인간이 인위적으로 설계하고 작성해야 하는 부분이 생긴다. 이 방식은 해마, 기저핵 등 뇌의 각 부위에 대응하는 기계학습기를 개발한 뒤 이들을 통합해야 한다.

그러한 통합 틀을 '인지認知 아키텍처'나 '전뇌 아키텍처 모델'이라 부른다. 인지 아키텍처를 구축할 때는 인위적인 설계가 필요하다.

개개의 모듈도 인간에 의해 일단은 프로그래밍되지만, 그 뒤에 학습함으로써 사람의 손을 떠나 자연적으로 성장한다. 이에 비해 인지 아키텍처는 인간이 설계한 이후 자연적으로 성장하지는 않는다.

인지 아키텍처 자체를 기계학습으로 진화시키려는 시도도 있지만, 이 경우에도 인지 아키텍처를 기계학습시키는 틀 그 자체는 인간이 설계하는 수밖에 없다. 그러나 실제 뇌의 아키텍처는 당연히 인간이 설계한 것이 아니며, 그 점 때문에 양자의 차이가 생길 가능성이 있다.

즉 전뇌 아키텍처는 설계주의의 한계에 부딪칠 가능성이 있다(물론 부딪치지 않을 수도 있다). 그러나 그것이 컴퓨터에서 인간 뇌의 총체적 지성을 완전히 재현하지 못할 것임을 의미하지는 않는다. 전뇌 복사는 설계주의적으로 범용AI를 구축하지 않기 때문에 이 같은 한계에 부딪칠 일은 없다.

인공도시가 자연도시와 다른 것처럼

건축가 크리스토퍼 알렉산더Christopher Wolfgang Alexander[68]는 1965년에 "도시는 나무가 아니다"는 논문에서 '인공도시'와 '자연도시'의 차이

---

68 역주-크리스토퍼 볼프강 알렉산더(1936~)는 오스트리아 출신의 건축가로 캘리포니아대학교 버클리캠퍼스UC Berkeley의 교수다. 그는 건물 사용자들이 건축가들보다 원하는 건물에 대해서 잘 알고 있다고 판단해, 모든 인간들이 건물을 설계하고 건축할 수 있도록 한 '패턴언어'라는 개념을 만들어냈다. 인간중심적 디자인의 본성에 대한 그의 이론은 건축 영역을 넘어서 도시설계, 소프트웨어, 사회학 등에 큰 영향을 미쳤다.

에 대해 논하였다.

'인공도시'는 디자이너가 계획적으로 설계해 만들어낸 도시다. 일본의 경우 쓰쿠바筑波 학원도시나 옛 헤이안쿄平安京를 떠올리면 된다. '자연도시'는 긴 세월에 걸쳐 자연스럽게 성장해 발전해 온 도시로 신주쿠新宿나 시부야渋谷, 맨해튼 등 보통의 도시가 여기에 해당된다.

인공도시는 무기적無機的이고 따뜻함이 결여되어, 오래된 길가에 자리잡고 있는 '인간 생활의 때' 같은 것이 없어서 사람의 마음을 황폐하게 만드는 것으로 잘 알려져 있다.

1970년대에 쓰쿠바 학원도시에 사람을 자살로 내모는 마음의 병 '쓰쿠바신드롬'이 만연했다는 말들이 많았다. 그러나 도시가 발전함에 따라 술집이 생기는 등 생활 느낌이 좋아져 1990년대에는 쓰쿠바신드롬이 화제에서 사라졌다.

인간이 인위적으로 설계한 합리적인 도시는 만들어진 초기 단계에 생명의 숨결이 살아나지 않아 사람을 자살하게 만드는 불길함이 떠다닌다. 그러한 무기물 같은 인공도시도 사람이 오랫동안 계속 살아 '자연성장'한 뒤에는 생명체와 같은 따뜻함이 있고, 정감에 찬 사랑스런 거리풍경을 만들어낸다. 자연도시다운 삶의 면모를 빚어내는 것이다.

인공신경망은 학습을 반복함으로써 말하자면 '자연성장'한다. 인공도시인 헤이안쿄가 천년 이상의 시간을 거쳐 자연도시인 현대의 교토가 되었다. 이와 마찬가지로 기계학습기도 당초 인공적으로 설계된 구성물이지만 학습과정을 거쳐 자연물인 인간의 뇌와 동등하거나 그 이상의 사고력, 인식능력을 지니게 된다. 그렇기 때문에 장기나 체스의 승부에서 프로를 앞지르거나 그림의 식별능력에서 인간을 앞지를 수 있는 것이다.

전뇌 아키텍처의 아킬레스건

인공신경망이 학습과정을 거쳐 인간을 앞지르는 능력을 획득할 수 있다면, '인공지능과 자연지능의 차이'가 제로가 되는 것에 그치지 않고, 인공지능이 자연지능을 훨씬 능가할 것으로 생각할 수 도 있다. 그러나 인간 뇌의 모든 활동을 재현하려면, 모듈 사이의 통합도 재현해야 한다.

만일 현실의 뇌 모듈 사이의 연계가 복잡한 신경계의 연결에 의해 이루어진다면, 인간이 그것을 환원주의적으로 이해하고 설계주의적으로 재현하는 것은 상당히 어려워진다. 인공도시가 자연도시와 다르듯이, 인공지능도 자연지능과 같을 수는 없는 것이다.

이 점에 대해서는 앞의 "뇌는 모듈로 나뉜다"는 '분해 가능성' 가설이 얼마나 타당성을 가지는지가 대단히 중요하다. 해마나 기저핵 등 각 모듈 안에서 상호작용이 많지만, 모듈과 모듈 사이의 상호작용이 적으면 뇌라는 시스템은 분해 가능성이 높아지게 된다.[69] 이 경우 인지 아키텍처 부분에 복잡한 시스템을 도입할 필요는 없으며 그 부분이 기계학습하지 않는다고 해서 그다지 치명적인 문제가 되지는 않는다.

뇌라는 시스템의 분해 가능성이 높은지 낮은지는 아직 해명되지 않았다. '전뇌 아키텍처 이니셔티브'의 대표 야마카와 히로시는 대뇌 신피질이 분해 가능하다는 가설이 충분히 성립하지 않을 수 있다고 말한다.

대뇌 신피질의 '1차 운동중추'나 '1차 시각중추'라는 50개 정도의 영역이 유동적인데, 바로 그 점이 전뇌 아키텍처의 아킬레스건, 즉 약점이 될 수도 있다.

69　저자주 20-디카하시 고이치는 '준 분해 가능성'이라는 허버트 사이먼의 독특한 용어를 사용하고 있다. 이 책에서는 이야기를 간단히 하기 위해서 단순히 '분해 가능성'으로 한다.

뇌와 동일한 아키텍처의 컴퓨터는 필요한가?

마지막으로 한 가지 간단하게 논해두고 싶은 것이 있다. 그것은 범용 AI 개발에서 뇌와 동일한 아키텍처를 가진 컴퓨터 하드웨어가 반드시 필요한가 하는 문제다.

그것은 인간의 지성과 AI의 지성의 근본적인 차이를 뇌와 컴퓨터의 아키텍처의 차이로 설명하는 이야기를 많이 들었기 때문이다.

확실히 하드웨어 면에서 보면 기존의 컴퓨터와 인간의 뇌는 근본적으로 구조가 다르다. 제2장에서 설명했듯이 현재의 컴퓨터는 '노이만형 컴퓨터'로 불리는데, 1964년에 폰 노이만 등의 그룹이 제안한 방식을 따르고 있다.

이것은 문자나 그림은 물론 프로그램도 데이터로 메모리에 보관되고, 메모리에서 프로그램을 차례로 읽어들여 '중앙처리장치CPU'에서 실행하는 방식이다. 이 방식은 데이터가 메모리와 CPU 사이를 연결하는 버스[70]를 이동해야 하는데, 그것이 처리능력 향상의 병목(제약, 장벽)이 되고 있다. 이 병목을 '폰 노이만 병목'이라 부른다.

그에 비해 인간의 뇌에서는 무수히 존재하는 뉴런 자체가 기억을 가지고 있고 그것들이 동시 병행적으로 처리를 행한다. 즉 인간의 뇌는 많은 컴퓨터가 동시에 연계하여 처리를 행하는 '초병렬 컴퓨터'와 같은 것이다. 그런데도 뇌는 노트북만한 무게밖에 나가지 않는다. 소비 전력은 수십 와트밖에 안 되며 그래서 높은 열도 나지 않는다.

IBM사는 2014년에 반도체 칩 '트루노스TrueNorth'를 개발했다고 발표했다. 이것은 인간 뉴런의 활동을 하드웨어적으로 재현한 '뉴로모픽

70　역주-여러 장치 사이를 연결해서 여러 신호를 한 번에 보내기 위한 신호회로.

칩Neuromorphic Chip'[71]의 일종으로 '비非노이만형 컴퓨터'다. 트루노스의 칩은 4,096개의 코어로 구성되어 있으며 이 코어에 메모리와 연산 장치가 탑재되어 있다.

IBM은 이들 칩 몇 개를 이용하여 현재 6,400만 뉴런과 160억 시냅스에 상당하는 시스템을 구축하였는데, 소비 전력은 겨우 10와트에 불과하다. 최종적인 목표는 소비 전력이 1킬로와트, 체적이 2리터 이하로 100억 뉴런과 100조 시냅스에 상당하는 시스템을 실현하는 것이다.

이러한 뉴로모픽칩의 개발은 인공신경망을 소프트웨어가 아니라 하드웨어로 구축하려는 시도라고 말할 수 있다.

그렇지만 원리적으로는 하드웨어를 뇌와 동일하게 해야만 인간의 지성을 재현할 수 있는 것은 아니다. 소프트웨어의 인공신경망이든 하드웨어의 인공신경망이든 능력에 근본적인 차이는 없다.

비노이만형 컴퓨터에 근거하지 않으면 인간 수준의 AI를 만들 수 없을지 모르지만, 그것은 전력이나 발열 등 실용적인 문제에 불과하다.

인간의 뇌는 복잡한 튜링 기계다

로젠블러트가 1957년에 제시한 최초의 인공신경망인 퍼셉트론은 '형식뉴런'에 근거하고 있다.

'형식뉴런'은 1943년 미국의 신경생리학자 워런 맥컬로치Warren Sturgis McCulloch[72]와 미국의 수학자이자 논리학자인 월터 피츠Walter

---

71 역주-뉴로모픽 엔지니어링 혹은 뉴로모픽 컴퓨팅은 신경생물학적 회로를 모방해 아날로그회로와 초고밀도집적회로의 기술을 이용하는 컴퓨터 기술이다. 뉴로모픽neuromorphic이란 말은 아날로그, 디지털, 신경계모델 소프트웨어 시스템 등을 통합한 것을 의미한다.

72 역주-워런 스터지스 맥컬로치(1898~1969)는 미국의 신경생리학자이

Harry Pitts. Jr[73]라는 두 학자가 고안한 뉴런의 수리적 모델이다.[74]

매컬로치와 피츠는 형식뉴런이 튜링 기계와 동등한 계산능력을 갖고 있음을 보여주었다. 그래서 아무리 복잡한 인공신경망이라도 복잡한 튜링 기계에 지나지 않는다고 말할 수 있다.

그리고 뇌의 활동이 신경계 네트워크의 구조만으로 결정된다면 인간의 뇌 또한 복잡한 튜링 기계에 지나지 않게 된다. 인간 신경계의 재현이 하드웨어로 이루어지든, 소프트웨어로 이루어지든 그것들은 모두 복잡한 튜링 기계라는 점에서 근본적인 차이는 없다.

자 사이버네틱스 연구자로 두뇌이론과 사이버네틱스 운동에 크게 기여했다. 월터 피츠와 더불어 단초논리(threshold logic)라는 수학적 알고리듬에 기반한 컴퓨터 모델을 개발했다.

[73] 역주-월터 해리 피츠(1923~1969)는 미국의 컴퓨터 신경과학(neuro-science) 분야 논리학자로 1943년 워런 맥컬로치와 형식뉴런이라는 모델을 고안했다.

[74] 역주-초기의 뉴로네트워크 모델로 워런 맥컬로치와 월터 피츠의 논문 "A Logical Calculus of Ideas Immanent in Nervous Activity"에 발표되었다.

AI는 인간의 지성을 뛰어넘을 수 있는가?

0. 이 장에서 설명할 것

앞 장에서는 인간 수준의 AI를 만들 수 있을지에 대해 기술적인 논의를 했다. 이 장에서는 인간수준의 AI나 인간을 뛰어넘는 AI가 가능할지에 대해 논리적, 철학적으로 논할 것이다.

이런 주제를 논할 때 괴델의 불완전성 정리가 참고로 나오는 경우가 많다. 우선은 이 불완전성 정리에 대해 논하는 것으로 이야기를 시작하자.

1. 괴델의 불완전성 정리와 인간의 자유의지

나는 거짓말을 하고 있다

괴델의 불완전성 정리에 입각한 인간 지성과 AI 지성의 근본적 차이에 대한 설명은 괴델 자신에 의해 이루어지기도 했지만, 영국의 철학자 존 루카스John Randolph Lucas[75]나 영국의 물리학자 로저 펜로즈Sir Roger Penrose[76]에 의해서도 이루어졌다.

제2장에서 간단히 소개한 이 정리를 여기서 다시 한 번 검토해보자. 괴델은 어떤 명제는 증명도 반증(부정의 증명)도 할 수 없음을 증명했다. 그 명제는 "이 글을 증명할 수 없다"는 의미의 상당히 기묘한 문장인데, 이것을 오늘날 '괴델 문장'이라 부른다. 괴델 문장의 '이 글'은 "이 글을 증명할 수 없다"는 괴델 문장 자체를 가리킨다.

"이 글을 증명할 수 없다"는 괴델 문장이 증명될 수 있다면, "이 글을 증명할 수 없다"는 말과 모순된다. 이 명제를 반증할 수 있다면, 괴델 문장은 증명할 수 있게 되어, 역시 "이 글은 증명할 수 없다"라는 말과 모순된다. 괴델 문장은 증명도 반증도 할 수 없는 명제(결정불능 명제)인 것이다.

괴델 문장은 '에피메니데스의 역설Epimenides paradox'[77]과 흡사한

---

75 역주-존 랜돌프 루카스(1929~)는 영국의 철학자로 1959년에 〈마음, 기계, 그리고 괴델Mind, Machines, and Gödel〉이라는 논문을 발표했는데, 거기서 그는 알고리듬적 자동화가 인간 수학자를 엄밀히 대체할 수 없다고 주장했다. 괴델의 불완전성 정리에 기초해 그는 어떠한 자동화가 이루어져도 증명되지 않는 수학 공식은 있을 것이며, 이에 대해서는 인간 수학자가 참(true)임을 보거나 보여줄 수 있을 것이라고 주장했다.

76 역주-로저 펜로즈 경(1931~)은 영국의 이론 및 천체 물리학자이자 수학자로 그의 저서 『황제의 새로운 마음』에서 뇌 속의 정보처리에 양자역학이 깊게 관여되어 있다는 가설을 제시했다. 이를 '펜 로즈의 양자두뇌론'이라 부른다.

77 역주-크레타사람 에피메니데스가 "모든 크레타인은 거짓말쟁이다"라고 말한 것에서 생기는 자기 언급의 역설인데, '크레타인의 역설'이라고도 한다. 이 역설은 에피메니데스가 말한 내용의 진위를 생각할 때 발생한다.

것으로 알려져 있다. 신약성경 속에 "크레타인은 거짓말쟁이라고 크레타인인 에피메니데스가 말했다"는 구절이 있다. 에피메니데스는 고대 그리스의 시인이다.

크레타인이 거짓말쟁이라면 에피메니데스가 말한 "크레타인은 거짓말쟁이다"라는 말도 거짓이며, 크레타인은 거짓말쟁이가 아니게 되어 모순된다. 크레타인이 거짓말쟁이가 아니라면, 에피메니데스가 말한 "크레타인은 거짓말쟁이다"라는 말도 거짓이 아니며, 크레타인은 거짓말쟁이라는 것이 되어 모순된다. 이게 '에피메니데스의 역설'이다.

그 밖에도 "나는 거짓말을 하고 있다"라든지, "이 글은 거짓말이다"라는 문구도 '자기 언급의 역설'이라 불리는 동일한 모순을 갖고 있다.

이러한 부정적인 자기 언급 문장을 보고 알 수 있듯이, 불완전성 정리의 가장 간단한 철학적 의의는 "부정적인 자기 언급이 불가능하다"고 지적한 것이다.

단 부정적인 자기 언급 문장이 논리적으로 처리될 수 없다는 사실이 컴퓨터에 대한 인간의 우위성을 보여주는 것은 아니다. 확실히 인간은 "대부분의 크레타인은 거짓말을 하는 경우가 많지만, 크레타인인 에피메니데스가 이때 우연히 진실을 말했을 수 있다"와 같이 해석해 논리적 모순을 피해나갈 수 있다.

그러나 그러한 논리적 탈출은 논리적 접근으로 만들어진 20세기 AI에게는 불가능했을지 모르지만, 향후의 AI에게도 불가능한 것으로 고정되어 있지는 않다.

지금도 시리에게 "나는 거짓말을 하고 있습니다"라고 말을 걸면 상

다만 에피메니데스가 자신 이외에 정직한 크레타사람을 하나라도 알고 있었다면, 그의 이 말은 단순한 거짓이 되어 역설이 아니게 되며 논리적 모순이 생기지 않는다.

당히 그럴듯한 대답을 한다. 시험삼아 해보길 바란다. 컴퓨터가 논리적인 기계라도 그 위에서 동작하는 AI는 논리를 뛰어넘는 커뮤니케이션을 할 수 있다.

전지전능하다는 소문을 갖고 있는 신

불완전성 정리는 수학의 정리지만 문과 계열 학자들의 사고 또한 계속 자극해왔다. 그때 정확한 이해 없이 논하는 학자들이 많았기 때문에, "괴델의 정리야말로 대책없는 지적 남용의 원천이다"[78]와 같은 야유를 받기도 했다.

예를 들면 불완전성 정리는 이성의 한계를 나타내는 말로 여러차례 논의되어왔다. 하지만 이 정리에 대해 직접적으로 그런 말을 할 수 없다고 나는 생각한다. 한가지 우화를 생각해보자.

전지전능하다는 소문의 신이 있었다고 치자. 그 신의 전지전능성을 의심한 한 남자가 이런 질문을 신에게 던진다.

신이여! "신은 이 문장이 거짓이라고 답한다"는 문장은 참입니까? 거짓
입니까?

신이 '참'이라고 대답하면, "거짓이라고 답한다"가 참이 되어 신은 틀리게 된다. 신이 '거짓'이라 답하면, "거짓이라고 답한다"를 부정하고 결국 참이라고 대답한 꼴이 되어 역시 신은 틀리게 된다. 괴델 문장과 유사한 부정적인 자기 언급 문장이다.

---

78 저자주 21-アラン・ソーカル、ジャン・ブリクモン著, 田崎晴明、大野克嗣、堀茂樹訳.『'知'の欺瞞—ポストモダン思想における科学の濫用』(岩波書店).

　신이 우주와 인간의 조물주며 모든 물리 법칙을 알고 있다고 해도, 이 짧은 물음에 참인지 거짓인지 대답할 수 없다. 신은 침묵할 수밖에 없다.

　이를 두고 "신은 나의 질문에 대답하지 못했다. 신은 전지전능하지 않다"고 결론짓는 남자가 있다면, 이 남자의 질문 방식 자체가 이상할 뿐이다.

　국회 중계에서 간간이 야당 의원들이 총리에게 "YES나 NO로 답하세요"라고 요구했는데, 총리가 YES나 NO에 구애되지 않고 계속 답변을 하면, 그 의원이 다시 "YES나 NO로 답하세요"라고 반복적으로 핏대를 세우는 장면을 보게 된다.

　그때 총리가 질문을 따돌리기 위해서 애매모호한 답변을 하고 있다고 생각할 수도 있지만, 원래 야당 의원의 질문 자체가 넌센스며 YES나 NO로 답하도록 윽박지를 수 없는 문제일 경우도 많다. 신을 시험하는 남자의 질문은 야당 의원의 넌센스 질문과 같은 것이다.

　이렇게 보면 괴델 문장이라는 악마적 명제가 증명될 수 없다는 사실이, 곧 이성의 한계를 보여주는 것이 아님은 잘 알 수 있다.

　물론 괴델의 불완전성 정리 자체가 넌센스가 아니었기 때문에, 모든 명제가 증명되거나 반증될 수 있도록 완전한 형식체계를 구축하려던 힐베르트의 계획을 망가뜨린 것은 분명하다. 그러나 그것이 바로 인간 이성의 한계를 입증하는 것은 아니었다.

프로그램은 프로그램을 거스를 수 있는가?

그러나 적어도 불완전성 정리를 원용해서 전개할 수 있는 한 가지 철학적인 논의가 있다. 그것은 인간이 자신의 성격에 반하는 행동을 할 수 없고, 그래서 인간에게는 자유의지가 없다는 논리다. 그런 의미에서 인간의 활동은 결정된 프로그램대로 동작할 수밖에 없다는 것과 진배없다.

이 문제를 괴델의 불완전성 정리로 설명하면 시간이 걸리기 때문에, 이 정리와 같은 형태라는 것이 이미 알려진 '튜링의 정지성 문제'에 근거해 간략히 논의해보자.

'튜링의 정지성 문제'는 모든 프로그램이 정지될지 여부를 판정할 프로그램은 존재하지 않는다는 것이다. 하지만 이 문제의 본질은 프로그램이 프로그램에 반하는 동작을 할 수 없다는 것이다.

우선은 YES나 NO를 출력하는 프로그램을 떠올리면 좋겠다. 그러한 프로그램이 자기 자신의 코드를 참조해, 자신이 YES를 출력하면 YES를 출력하고, NO라고 출력하려 하면 NO를 출력하는 것으로 한다. 이런 프로그램을 상정하면 당연히 아무런 모순도 없다.

다음으로 자기 참조하여 자기 자신이 YES를 출력하려고 하면 NO를 출력하고, NO라고 출력하려고 하면 YES를 출력하는 프로그램을 상정한다. 이것은 모순이며, 이러한 '뒤틀림 프로그램'[79]은 실재할 수 없다. 참조하는 프로그램과 참조되는 프로그램이 같은 것이어서 같은 결과를 출력해야 한다.

당연한 것이지만 프로그램은 프로그램을 거스르는 결과를 출력할 수 없고, 인간에 의해 프로그래밍된 대로만 작동한다. 그런데 프로그램이 자기 참조해서 "나는 YES를 출력하게 만들어져 있는가? 그렇다면 잠깐 뒤틀어서 NO라고 출력해 버리자"와 같이 생각할 수 있다는 것 자체가 대단히 이상한 일이다.

---

[79] 저자주 22-林晋著. 『ゲーデルの謎を解く』(岩波書店)에 나오는 '뒤틀림 기계'라는 말을 풍자적으로 비꼰 말이다.

역시 '뒤틀림 프로그램'은 존재할 수 없다

튜링의 정지성 문제를 아는 사람들은 앞의 내 설명이 정지성 문제와는 전혀 다르다고 생각할는지도 모르겠다. 그래서 튜링이 보여준 정지성 문제에 대한 증명과 비슷한 형태로 다시 설명해보자.

우선 입력이 하나의 숫자고, 출력이 YES나 NO인 프로그램을 생각해보자. 이러한 프로그램은 무수히 많지만 모두에게 일련번호를 부여할 수 있다.

〈그림 5-1〉의 표 세로에는 이러한 프로그램이 모두 P_1, P_2, P_3……로 순서대로 열지어 있고, 가로에는 입력하는 숫자가 1, 2, 3……으로 줄지어 있다.

프로그램 P_1에 2가 입력될 때 $P_1(2)$로 표현된다. 이것이 YES를 피드백한다면 표의 그 장소에 Y라고 표시된다. 프로그램 P_1에 3이 입력될 때, 이것이 NO를 피드백한다면 표의 그 장소에 N이라고 표시된다.

다음으로 번호 x의 프로그램이 입력 x를 할 때, YES를 출력하려고

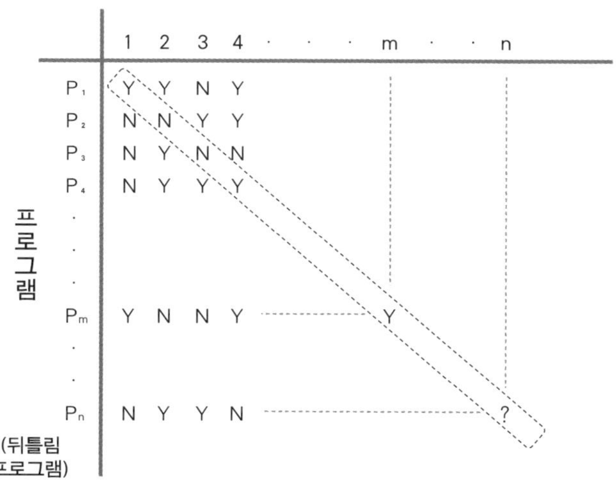

그림 5-1 **뒤틀림 프로그램**

하면 YES를 출력하고, NO를 출력하려고 하면 NO를 출력하는 프로그 램을 $P_m(x)$라고 한다. 이 프로그램도 표의 어딘가에 존재하고 있을 것 이다.

예를 들면 번호 3의 프로그램이 입력 3을 할 때 출력은 표를 보면 N, 즉 NO다. 이것을 $P_3(3)$=NO로 표현하기로 한다. 그러면 $P_m(3)$=NO가 된다. $P_4(4)$=YES라면 $P_m(4)$=YES다. 대각선상에 나란히 Y, N, N, Y라 는 출력 결과의 열列이 그대로 P_m의 줄에 펼쳐지고 있음에 주의하자.

이 프로그램에 자기 자신을 참조시키면, $P_m(m)$이 되는데, 이것은 모순을 초래하지 않는다. 이 출력 결과를 가령 YES라고 해두자.

이번에는 번호 x의 프로그램이 입력 x를 취할 때, YES를 출력하려 고 하면 NO를 출력하고 NO를 출력하려고 하면 YES를 출력하는 프로 그램을 $P_n(x)$라고 한다. 이게 뒤틀림 프로그램이다.

$P_3(3)$=NO라면 $P_n(3)$=YES가 된다. $P_4(4)$=YES라면 $P_n(4)$=NO다. 여기까지는 문제가 없다. 대각선상에 늘어선 Y, N, N, Y라는 출력 결 과의 열과 반대 결과인 N, Y, Y, N이 P_n줄에 펼쳐지고 있음에 주의하자.

그러나 뒤틀림 프로그램에 뒤틀림 프로그램 자신을 참조시키면 모 순이 초래된다. $P_n(n)$=YES라면 $P_n(n)$=NO여야되며, $P_n(n)$=NO라면 $P_n(n)$=YES여야 한다. 이런 일은 있을 수 없기 때문에 뒤틀림 프로그 램은 존재할 수 없다. 정확히 표의 '?' 자리에는 YES거나 NO거나 모두 자리할 수 없다.

덧붙여 지금까지 설명한 YES 출력을 "프로그램이 정지하여 YES라 고 출력한다"고 재해석하고 NO 출력을 "프로그램이 정지하지 않고 무 한히 계속 작동한다"고 재해석하면, 정확히 튜링이 보여준 정지성 문 제와 동일해진다.

자신의 성격을 거스를 수 있을까?

인간은 뒤틀림 프로그램과 같은 행동을 할 수 있는 것처럼 보인다. 자신의 성격을 알고 있다면, 그 성격에 반할 수도 있는 것으로 보인다. 그러나 그것은 착각이다.

그것은 어떤 상황에서 YES라고 말하는 성격의 사람이 동시에 NO라고 말할 수 없기 때문이다. 그것은 논리적으로 모순된다.

같은 상황이 두 번 일어날 경우에 첫 번째에 YES라고 한 사람이, 첫 번째에 대한 반성을 근거로 두 번째에 NO라고 말했다고 하자. 하지만 이것은 두 번째 행동에 첫 번째의 기억이 전제되어 있음을 의미하고, 기억을 포함하고 있으면 두 번째는 첫 번째와 동일한 상황이 아니다.

만일 기억이 없고 완전히 같은 상황에서 다른 대답을 했디면, 그 사람은 완전히 불규칙하게 YES와 NO를 말하는 것이다. 그 경우에 그 사람은 불규칙하게 YES와 NO를 말하는 성격의 소유자며, 역시 자신의 성격에서 벗어나지 못하고 있다.

더욱이 우연이 의사결정에 작용했다 하더라도 그것은 결정론에서 벗어날 수 있다는 것을 의미할 뿐이지, 자유의지가 존재함을 의미하지 않는다. 주사위를 던져서 일을 결정하는 것과 진배없으며 아무래도 자유의지라고 부를 수 있는 것은 아니기 때문이다.

그리고 인간의 성격이 '유전'과 '환경(경우에 따라서는 우연)'에 의해 결정된다면, 자신의 의지는 성격을 형성하는 근본요인이 될 수 없다. 인간의 운명이 '유전'과 '환경'을 벗어날 수 없다는 것은 19세기 말 프랑스 소설가 에밀 졸라가 주창하였는데, 거기서 자연주의 문학의 조류가 생겨났다. 그러나 나는 여기서 사람들이 그저 운명에 압도되어 살 수밖에 없다는 암담한 인간관을 주장하고 싶지는 않다.

태어나면서부터 재능을 갖지 못하고 가난한 환경에서 자랐더라도,

노력에 따라 그 환경에서 벗어나 풍요로운 삶을 살아갈 가능성이 충분히 있다. 그런 의미로는 밝고 희망 찬 상식적인 인간관과 별로 다를 바 없다.

그렇기는 하지만 노력하는 '능력'이 있는지 없는지도 따지고 보면 유전과 환경에 의해 결정된다. 요컨대 인간 활동의 근본적인 요인은 의지가 아니라 유전과 환경이고, 의지는 통과점에 불과하다. 그러한 의미에서 모든 것은 결정되어 있고 자유의지는 존재하지 않는다.

스피노자의 『에티카』 이래 철학자들 사이에서 자유의지를 부정하는 것은 흔한 일이 되었다. 인간에게 자유의지가 없음을 주장하기 위해 뇌가 물리 법칙에 지배되고 있다는 물질 수준의 주장까지 내려갈 필요는 없다. 이는 철학적 문제고 논리적인 문제다.

나는 자신의 성격을 의지로 변화시킬 수 없다고 주장하고 싶지 않다. 다만 의지로 성격을 변화시켰다 해도 그 의지는 유전과 환경에 의해 만들어지고 성장한다.

심지어는 의지를 품도록 의지할 수 있다고 해도 그런 연쇄적 의지들을 거슬러 올라가 가장 원초에 있는 의지에 도달해보면, 결국 앞의 요인 중 하나가 단초가 된다.

확실히 인간은 의지가 있고 행동을 선택할 수 있다. 다만 그 선택의 경향인 성격은 궁극적으로 자신의 의지의 외부에 있는 유전과 환경에 의해 결정된다.

살인은 살인범의 의지에 의해 저질러진 것인 한 책임을 물을 수 있다. 그러나 살인을 저지르는 성격은 살인범의 의지에 따라 선택된 것이 아니기 때문에 그 점에 대해서는 책임을 물을 수 없다.

"살인을 저지르자"고 의지할 수는 있어도 "살인을 범하기 쉬운 성격이 되자"고 의지하지는 않는다(가령 그렇게 의지하는 것이 있더라도, 그렇게 의지하는 성격이 형성된 요인을 한없이 찾아가면 의지의 외부에 도착한다).

그러므로 법관이 잔혹한 살인 사건을 저지른 피고인의 성격을 가리켜 "짐승만도 못하다"고 모독해서는 안 될 것이다. 다만 저지른 죄에 따라 엄정하게 형을 선고하면 될 일이다.

이야기가 옆길로 샜지만 요컨대 인간은 성격을 변화시킬 수 있지만 성격에 반하는 행동을 할 수는 없다. 그리고 성격은 본래 유전과 환경에 의해 결정된다.

그와 마찬가지로 프로그램은 처리 시스템을 변경할 수는 있지만 처리 시스템에 반하는 처리를 행할 수 없으며, 그 처리 시스템은 본래 인간이 만든 코드와 외부에서 주입된 데이터에 의해서 결정된다.

따라서 자유의지가 존재하지 않으며 모든 활동이 결정되어 있다는 점에서 인간과 AI는 다르지 않다. 자유의지의 유무로 인간에게는 자율성이 있시만 기게에는 자율성이 없다고 할 수 없다. 그 점에서 인간의 우위성은 존재하지 않는다.

하지만 AI는 어차피 인간이 만든 것이다. 피조물인 AI가 소위 조물주인 인간을 넘어서는 것은 있을 수 있는가? 그 점에 대해 생각을 진전시켜보자.

2. 자기보다 똑똑한 AI를 만드는 AI는 있을 수 있을까?

메타사고력

체스나 바둑에서 이미 AI는 인간을 추월하고 있고, 도쿄대학 입시를 통과하기 위한 목표를 가진 AI '도로보군東ﾛ卟君'은 센터 시험에서 편차값 57까지 도달해 평균적 수험생의 수준을 넘어섰다(이 프로젝트는 현재 중단사태).

장래에는 AI가 지능테스트에서 인간의 평균 수준을 앞질러, 그 지능지수가 천이나 만이 될 수도 있다. 그러나 그걸로 인간의 지성을 넘어 섰다고 할 수 있을까?

좋은 말이 아니라서 미안하지만, 지금의 인간 사회에는 '머리가 잘 돌아가는 바보'가 있다. 기억력이나 이해력이 높고 계산도 빠르지만, 어딘지 모르게 머리가 나쁜 사람이다.

이처럼 AI가 진보하더라도 머리가 잘 돌아가는 바보에 그칠 가능성이 있다. 그렇다면 AI는 인간을 제치고 지구를 지배할 수 없을 것이며, 지능지수가 높은 근면한 하인의 자리에 머물 것이다.

'머리가 잘 돌아가는 바보'에게 부족한 것은 '메타사고력'이다.[80] 이것은 내가 만든 조어인데, 사고에 대해 사고하는 능력을 뜻한다.

만약 신이 있다면 신은 인간의 사고를 파악하고 있지만 인간은 신의 사고를 파악하지 못할 것이다. 이 때 신은 인간의 메타에 서 있으며 인간보다 메타사고력이 높다고 말할 수 있다.

지금 인간은 AI에 대해서 메타에 서 있다. 인간은 AI의 사고 메카니즘을 파악하고 있지만, AI는 인간의 사고에 대해 속속들이 알고 있지 못하다.

예를 들면 한정적으로 체스나 바둑에서 AI는 인간의 사고를 읽고 있고, 인간보다 메타사고력이 높다고도 말할 수 있다. 하지만 그 AI는 당연히 인간이 만들었으며, 인간이 사고 메커니즘을 대략 파악하고 있다. 거꾸로 말하자면 그 AI의 메커니즘을 알고 있는 기술자라면, 그와 똑같이 작동하는 AI를 만들 수 있다.

AI는 인간 생각의 총체를 아직 알지 못한다. 만약 AI가 그것을 알게 된다면 인간과 똑같이 사고할 수 있는 AI를 만들 수 있을 것이다. 도대체 그런 날은 올까?

---

80 저자주 23-메타인지라는 심리학 용어와는 다르다.

지능폭발형의 싱귤래리티

인간이 범용AI를 만들면 그 범용AI가 곧장 초AI로 진화할 것이라고 생각하는 사람도 있다. 빈지Vernor Steffen Vinge가 말하는 싱귤래리티는 그러한 생각에 근거하고 있다.

굿I. J. Good과 빈지는, AI가 더 똑똑한 AI를 만들고 그 똑똑한 AI가 더 똑똑한 AI를 만드는 일이 순환적으로 반복되면서, AI가 인간 지성을 위협적인 속도로 뛰어넘어 초AI에 이를 것이라고 한다. 제1장에서 말한 것처럼 이것은 '지능폭발형 기술적 특이점'이다.

인간에게는 AI를 만드는 능력이 있다. 인간 수준의 범용AI가 만들어지면 그 범용AI 자신도 AI를 만들 수 있을 것이다. 범용AI가 만들어진다면 곧 지능폭발이 일어나 초AI도 출현할 수 있을 깃이다. 히지만 AI가 정말 자신보다 더 똑똑한 AI를 만들 수 있을까?

일반적으로 프로그램이 자신과 완전히 같은 프로그램을 복제하는 일은 가능하다. 이렇게 자신을 복제하는 프로그램은 미국의 철학자 윌러드 콰인Willard van Oman Quine[81]을 기념해 '콰인 프로그램'이라 불리운다.

가장 짧은 콰인 프로그램은 "이 글을 복사하라"는 의미의 프로그램이다. 다만 '이 글'이라는 것은 "이 글을 복사하라"는 글 자체를 가리키고 있다. 이 콰인 프로그램을 악용해 만들어진 것이, 자기복제를 계속

---

81 역주–윌러드 밴 오먼 콰인(1908~2000)은 미국의 철학자이자 논리학자로 분석철학의 전통 위에 있는 20세기의 대표적 철학자 중 한 사람이다. 철학은 개념 분석이 아니라는 생각의 주요한 제창자기도 한데, 주요한 업적으로는 "경험주의의 두 도그마" 등이 있다. 하버드대학의 철학 및 수학 교수를 역임했다.

해 증식하는 컴퓨터 바이러스다.

그러나 콰인 프로그램은 기계적으로 자신의 복사본을 만들 뿐이지, 인간처럼 의도적으로 프로그램을 설계하고 만들지는 않는다.

AI가 자신보다 똑똑한 AI를 만들려면, 만들고자 하는 AI 프로그램의 의미를 알 필요가 있다. 의미를 모르고 만드는 것은 기껏해야 자신의 완전한 복사본일 뿐이다.

프로그램이 설계적으로 프로그램을 만드는 것은 지금도 가능하다. 예를 들어 딥 마인드가 개발한 '뉴럴튜링머신'이라는 AI는 소트sort하는(순서대로 재나열하는) 프로그램을 만들 수 있다.

소팅 프로그램은 일반적으로 프로그래밍 입문 강좌에서 배우는 아주 단순한 것이지만, AI와 근본적으로 다른 것은 아니다. 그렇기 때문에 AI가 AI를 만드는 것은 불가능하지는 않지만, AI가 자신보다 더 똑똑한 AI를 만들 수 있는지 여부는 또 다른 문제다.

가령 AI가 자신보다 똑똑한 AI를 만들 수 있다고 하자. 여기서 똑똑함의 기준을 메타사고력에 두면 모순이 생긴다. 원래 AI는 자신이 만든 AI의 사고 메커니즘을 알고 있어야 한다. 그렇지 않으면 의도적으로 프로그램을 만들 수 없다.

그렇다면 원래 AI가 만들어진 AI보다 메타사고력이 높고 똑똑해야 한다(조금 더 정확하게 말하면 동일한 수준 이상이어야 한다). 따라서 자신보다 더 똑똑한 AI를 만드는 AI는 존재할 수 없다. 하지만 그렇게 단언해도 좋을까?

3. 진화적인 시뮬레이션으로 똑똑한 AI를 만든다.

똑똑한 생명은 어떻게 나타났는가?

여기서 한 가지 "진화과정이 더 복잡하고 똑똑한 생명을 탄생시켜온 것 아닌가"하는 의문이 생길 수 있다. 인간은 원숭이의 사고패턴을 어느 정도 이해할 수 있어도 원숭이는 인간의 사고패턴을 거의 이해할 수 없을 것이다. 따라서 인간은 원숭이보다 메타사고력이 높다고 할 수 있는데, 원숭이가 진화해 인간이 되었기 때문이다(역주: 크게 진화의 과정은 유인원이라는 큰 틀에서 원숭이와 인간으로 분리되었다는 것이 정설이나, 여기서 저자는 유인원과 원숭이의 범주를 구별하지 않고 있음을 주의하기 바란다).

생명은 자신의 신체정보를 코드화함으로써 능숙하게 자신을 복제한다. 유전정보는 DNA의 염기서열로 부호화되어 있으며, 이 DNA가 복제되어 다음 세대로 계승된다. 그리고 DNA에 기초해 단백질이 합성되고 유전정보가 신체 기관으로 발현된다.

이것이 얼마나 정교한가 하면, 희대의 대천재 폰 노이만이 같은 방법으로 기계가 기계를 복제할 수 있도록 연구했지만, 그 이론을 완성하지 못하고 결국 사망하였다.

생명이 자기복제하는 시스템은 경탄할만한 일이지만, 생명이 스스로 설계해서 생명을 만들어내는 것은 아니다. 우리가 아이들을 만든다고 할 경우, 아이들의 설계도를 그리지는 않으며 연금술사가 호문쿨루스Homunclus(인조인간)를 만드는 것처럼 만들어내지도 않는다.

생명은 자신의 신체의 구조를 이해하지 못한 채 자신의 복사본을 만들어낸다. 단 DNA가 복제될 때 오류가 생길 수는 있다. 이러한 돌연변이로 차세대의 생명은 형질(특징)을 변화시킨다.

게다가 돌연변이로 태어난 여러 형질을 가진 생물 가운데 환경에 적응할 수 있는 종만 살아남는다. 이것이 찰스 다윈Charles Robert Darwin과 앨프리드 월리스Alfred Russel Wallace[82]의 진화론, 즉 자연도태설이다.

현재의 네오다위니즘도 진화의 모든 것을 설명하지는 못하며 남아 있는 문제도 많다. 하지만 인간과 같은 높은 지성을 갖고 있는 생물이 의도적으로 설계되어 만들어진 것이 아님은 확실하다. 생명이 보다 똑똑한 생명을 낳는다 해도, AI가 보다 똑똑한 AI를 만들 수 있다는 논거가 되지는 못한다.

가상의 생명체를 진화시키다

그렇다면 차라리 진화 과정을 시뮬레이션하여 똑똑한 AI를 만들 수는 없을까? 이 발상은 원리적으로는 전망이 있어 보인다.

현실 공간을 닮은 가상 공간 안에 가상 생명체(AI)를 무수히 만든다. 이 생명체들은 한없이 증식해가는데, 증식을 할 때 변이를 가져와 다양성도 늘려가는 것으로 한다. 이 가상 공간에서도 환경에 적응할 수 없는 종(種)은 사멸하는 것으로 해야 한다. 그렇다고 자연도태가 반드시 고차의 지성을 갖는 생명체만을 살아남게 하는 것은 아니다. 사실 높은 지성을 갖지 못한 바퀴벌레나 플랑크톤이 인류보다 개체수가 많다.

그리고 인류는 지금부터 7만 년 전 인도네시아 토바화산의 대분화로 사라질 수도 있었고, 1962년 쿠바 위기 때 핵전쟁이 일어나 절멸했

---

82 역주-앨프리드 러셀 월리스(1823~1913)는 영국의 탐험가이자 지리학자, 인류학자, 생물학자며, 찰스 다윈과는 독립적으로 자연선택에 의한 진화 개념을 발전시켰다. 그의 저술은 찰스 다윈의 『종의 기원』의 출판을 자극한 것으로 알려져 있다.

을 수도 있다. 반드시 영리한 종이 살아남는다고 할 수는 없따. 그래도 지성이 없는 것보다 있는 것이 더 생존에 유리하므로, 적당한 '솎아내기'로 똑똑한 생명의 비율을 늘릴 수는 있을 것이다.

진화 시뮬레이션 접근법의 실현 가능성

현실에서는 생명이 탄생한 뒤 현생 인류의 탄생까지 35억 년이 걸린 셈인데, 가상 공간에서는 그 과정을 단축할 수 있다. 게다가 신경계를 갖지 않는 아메바와 같은 원시 생명에서 시작할 필요도 없고, 처음부터 인공신경망을 갖게 할 수도 있다.

이러한 진화 시뮬레이션으로 인간을 초월하는 가상 생물이 갑자기 나타날 가능성이 있다. 다만 현실에서 인류가 단생한 것이 생명이 탄생한 것과 마찬가지로 확률이 낮은 기적적인 사건이었다면, 이 접근으로 싱귤래리티를 촉발하는 것도 어려울 것이다. 하지만 그 점은 명확치 않기 때문에 어쨌든 시험해볼 가치는 있다.

이 방법의 가장 큰 문제점은 무엇보다 컴퓨터 스펙이다. 지금은 슈퍼컴퓨터조차 아직 한 인간의 뇌가 처리하는 속도보다 느리다. 커즈와일이 말한 것처럼, 2045년에 1,000달러로 살 수 있는 개인 컴퓨터가 전 인류 70억 명 정도의 처리속도를 갖게 되면 진화 시뮬레이션 방법도 그 가능성이 열릴 것이다.

4. 사람보다 똑똑한 AI를 설계주의적으로 만들 수 있을까?

인공신경망의 가능성

AI 연구자는 진화 시뮬레이션 접근으로 인간을 넘어서는 똑똑한 AI를 만들어낸다고 해도 별 재미를 느끼지 못할 것이다. 그것은 인간의 지성을 해명한 것이 아니며 AI를 스스로 설계해 만든 것도 아니기 때문이다.

인간은 직접 인간보다 똑똑한 AI를 만들 수 있을까? 거기에는 다음과 같은 문제가 뒤따른다. 인간이 설계하여 AI를 만들었다면, 인간은 AI보다 메타사고력이 더 높다. 메타사고력을 똑똑함의 기준으로 한다면, 사람보다 똑똑한 AI를 설계하고 만들기는 어려울 것이다.

그러나 하나의 탈출구를 생각할 수는 있다. 예컨대 인공신경망은 인간 프로그래머가 만든 만큼 설계주의적이지만, 학습과정에서 강도가 조정된다는 점에서 설계주의적이지는 않다.

만약 인공신경망으로 똑똑한 AI를 만들 수 있다고 한다면, 절반은 설계주의적으로 만들어지는 것이니, AI 연구자도 만족할 수 있을 것이다.

논리적 접근과 같이 옛 AI의 향수에 젖어 있는 연구자들은 모든 것을 설계주의적으로 만들어야 한다고 주장할지 모른다.

인공신경망으로 인간의 지성을 모방한다고 해도 지성을 해명한 것은 아니다. 그러나 앞 장에서 말한 것처럼 설계주의에는 어쩔 수 없는 한계가 있다. 인공도시가 자연도시와 같을 수는 없다.

여기서는 인공신경망을 장착한 AI를 인간의 산물로 간주하여, 그러한 AI가 인간의 지성을 넘어설 가능성에 대해서 다시 한 번 검토해보자.

뇌와 컴퓨터의 차이

여기서 다시 인간의 뇌에 대해 생각해보자. 컴퓨터는 만능 튜링 기계고 AI는 그 위에서 작동하는 하나의 소프트웨어다.

그에 비해 인간의 뇌는 소프트웨어와 하드웨어 일체형의 만능 튜링 기계이다. 더 나아가 다양한 프로그램이 작동하는 것과 같이 다양한 상황에 따라 범용적으로 사고패턴을 만들어낸다.

따라서 인간의 뇌는 현재 AI와는 격이 다르며 본래 AI와는 비교할 수도 없다. 컴퓨터와 인간의 뇌가 비교될 수 있는 것도 아니다. 컴퓨터는 프로그램 없으면 무용지물이지만. 뇌는 아무런 프로그램을 설치하지 않아도 작동한다.

그러나 태어난 후 뇌가 아무것도 학습하지 않는다면 지적 활동이 불가능하다. 말하자면 뇌는 외계에서 수용한 정보를 바탕으로 프로그램을 스스로 만들고 실행하는 시스템이다.

실제로 뇌는 컴퓨터처럼 프로그램의 명령대로 충실히 움직이지는 않으며, 프로그램보다는 사고패턴을 부단히 만들어내고 있다.

즉 뇌는 모든 상황에 따라 사고패턴을 만들어낼 수 있는 신경계를 가지고 있다. 그것을 AI로 만들어낸다면, 앞장에서 말한 '범용강화학습기' 같은 것이다.

메타사고력을 가진 AI는 인간을 뛰어넘을까?

AI가 인간처럼 사고하려면 적어도 '언어능력'과 '메타사고력'이 필요하다. 인간은 언어능력을 가지고 있기 때문에 고도의 사고를 전개할 수 있고, 사고패턴에 대해 사고하는 능력, 즉 메타사고력 또한 가지고 있다. 자신의 뇌리에 떠오른 여러 사고패턴을 음미하거나 사람의 사고패턴을 평론하는 능력도 있다.

만약 AI가 메타사고력을 갖고 외부에서 받아들인 사고패턴을 음미할 수 있다면, 스스로 메타사고력을 향상시켜 갈 수도 있다. AI는 인간에 의해 만들어졌지만 인간의 사고패턴을 읽어들여 그것을 평론하는 능력까지 가질 수 있게 된다. 말하자면 AI가 인간의 메타에 설 수 있게 되는 것이다.

역으로 말하자면 AI가 인간과 동일하거나 그 이상의 메타사고성을 가지려면 범용적인 강화학습능력과 메타사고력을 갖추어야 한다. 이를 갖춘 AI가 모든 사고패턴을 학습한다면 인간을 넘어설 가능성이 있다.

범용강화학습기는 지금의 AI 기술의 연장선상에 있어서 그것이 실현되는 것은 그리 먼 미래의 일이 아닐 것이다. 하지만 AI가 메타사고력을 지니기는 어렵고, 지금의 AI 기술로는 아마도 불가능할 것으로 생각된다. 그러나 그것 때문에 AI가 원리적으로 인간 이상의 지성을 갖지 못할 것이라고 단언할 수는 없다.

터미네이터는 현실화될 것인가?

0. 이 장에서 설명할 것

굿이나 빈지기 제시한 재귀적인 AI의 창조를 통한 지능폭발은 일어날 수 없다. 그 대신 범용강화학습기와 메타사고력을 갖춘 범용AI가 온갖 사고패턴을 배우도록 하면 인간을 능가할 정도로 똑똑해질 가능성이 있다.

만약 AI가 인간의 지성을 능가하게 되면, AI는 반기를 들고 인간을 공격하려들 것인가?

1. AI의 폭주와 반란

터미네이터는 현실화될 것인가?

기술적 특이점이 찾아올 때 발생할 수 있는 여러가지 문제를 통틀어 '2045년 문제'라 부른다.[83] 2045년 문제에는 AI가 사람들의 일자리를 빼

---

83 저자주 24-2045년 문제를 다루는 일본어 문헌은 松田卓也著.『2045年問題、コンピュータが人類を越える日』(廣済堂出版)이 있다.

앗는 '기술적 실업' 이외에 '기계의 반란'도 포함된다.

기계의 반란을 우려하는 대표적인 논자로는 영국의 물리학자 호킹Stephen Hawking 박사[84]와 마이크로소프트의 전 회장 빌 게이츠William Hanry Gates III[85], 미국의 기업가 일론 머스크Elon Reeve Musk[86] 등을 들 수 있다.

호킹 박사는 영국 BBC방송과의 인터뷰에서 "완전한 인공지능의 등장은 인류의 종언을 의미할 것"이라고 경종을 울린 바 있다.

의지를 가지게 된 기계가 반란을 일으켜 인간을 공격한다는 이야기는 오래 전부터 소설이나 영화로 그려져 왔다. 그런데 이러한 반란이 2045년이라는 머지않은 미래에 일어날 수 있고, 이제 현실적인 걱정거리가 되고 있는 것이다.

체코의 작가 카렐 차페크Karel Capek[87]의 희곡 『로봇』[88]에서는 노동

---

84 역주-스티븐 호킹(1942~2018)은 영국의 이론물리학자로 우주론과 양자중력의 연구로 유명하다. 캠브리지대학의 교수를 역임했다.

85 역주-윌리엄 헨리 게이츠(빌 게이츠, 1955~)는 미국의 기업가로 마이크로소프트의 창업자로 유명하다. 2014년까지 마이크로소프트의 CEO이자 최대주주였다.

86 역주-일론 리브 머스크(1971~)는 남아공 출신의 미국의 기업가로, 스페이스X의 공동 설립자이자 CEO, 테슬러의 자회사인 솔라씨티의 회장을 맡고 있다. PayPal의 전신인 X.com을 1999년에 설립한 인물이기도 하다.

87 역주-카렐 차페크(1890~1938)는 체코의 극작가이자 저널리스트인데, 그의 희곡 『롯섬의 만능로봇회사』에서 로봇이라는 용어를 만들어냈다. 아이작 아시모프가 로봇공학 3원칙을 사용해서 작품을 발표하기까지 로봇에 반란의 이미지를 붙인 장본인이기도 하다.

88 저자주 25-『로봇』의 원제목은 『R.U.R.』로 '롯섬의 만능로봇회사(체코어로 Rossumovi Univerzalni Roboti)'의 약칭이다.

을 로봇(인조인간)에 맡기고 인간은 노동에서 해방된다. 그러나 로봇을 사람보다 더 똑똑하게 만들었기 때문에, 어떤 시점에 로봇이 폭동을 일으켜 한 사람만 빼고 인류를 몰살시켜버린다. '로봇'이란 차페크가 만든 용어로 체코어로 강제노동을 뜻하는 'Robota'에서 유래했다.

SF작가 아서 C. 클라크Sir Arthur Charles Clarke[89]의 SF소설이자 스탠리 큐브릭 감독의 영화기도 한 《2001년 스페이스 오디세이(우주여행)》에서는 우주선 디스커버리호를 제어하는 컴퓨터 'HAL9000'이 이상을 일으켜 자신을 정지시키려는 승무원들을 몰살시킨다.

2015년에 터미네이터 시리즈의 다섯 번째 영화 《터미네이터: 새로운 기동, 제니시스》가 개봉되었다. 1984년 개봉된 시리즈 1에서는 군사용 컴퓨터 '스카이넷'이 갑자기 자아에 눈을 떠 자신을 파괴하려는 인류를 절멸시킬 의지를 갖게 되었다. 이런 기계의 반란은 실제로 일어날 것인가?

기계의 반란

우선 컴퓨터가 똑똑해지는 것과 자아를 갖는 것은 다른 문제다. 우리는 인간의 의식 활동을 일반적으로 '지知', '정情', '의意'의 세 가지로 나누어 생각한다. '지'는 지성, '정'은 감정, '의'는 의지를 의미한다.

자아는 이 가운데 '의'의 중심적인 기능이다. 똑똑해지는 것은 '지'의 활동이 발달하는 것을 의미한다. AI가 아무리 똑똑해져도 '의'나 '정'은 별도로 인간이 그것을 내장시켜 주지 않는 한 컴퓨터가 가질 수는 없다.

따라서 AI가 제 나름대로 계속 영리해진다고 해도, 그 결과 자아에

89　역주-아서 찰스 클라크 경(1917~2008)은 20세기를 대표하는 영국 출신 SF 작가이자 과학해설자다. 『2001 스페이스 오디세이』의 과학소설의 저자로 같은 이름의 영화를 제작하기도 했다.

눈을 뜨거나, 격노해서 인간을 공격할 것이라는 상상이 당장에 현실화되기는 어렵다.

실리콘밸리의 사업가 제프 호킨스 등은

지식을 갖춘 기계가 세계 정복을 꾀하는 것은 아닐까, 이것은 지능을 가진 인간들이 정복을 추구해온 역사로부터 유추된다. 그러나 이러한 유추는 잘못되었다. 지능, 즉 신피질의 알고리듬과 실제 뇌의 감정적인 충동, 즉 공포, 망상, 욕망 등을 혼동하고 있기 때문이다. 지능을 갖춘 기계는 이런 감정을 갖지 않는다. 개인적인 야망을 갖고 있지 않은 것이다(호킨스Jeffry Hawkins, 블레이크슬리Sandra Blakeslee. 『생각하는 뇌 생각하는 컴퓨터』).[90]

라고 한다.

이 인용문은 약간 오해를 낳을 수 있지만, 호킨스와 블레이크슬리는 컴퓨터에 대뇌 신피질의 기능인 지능을 주입한다고 해서 그것만으로는 감정과 의지가 자연발생하지 않는다고 주장하는 것이다.

그렇다면 우리는 학습과정에서 인간의 의도에 반해 자아를 획득한 AI가 난폭하게 날뛰는 상황을 걱정하기 보다, 악의를 가진 누군가가 의도적으로 살육 전문 로봇을 만들어낼 것을 걱정해야 할 것이다.

사람을 살상하는 군사용 로봇은 이미 실전 배치되기 시작했다. 예를 들어, 'SGR-1S'는 삼성그룹이 개발한 감시용 로봇으로 한국군이 북한과의 접경 지역 비무장지대에 2006년부터 배치하고 있다.

이 로봇은 한국군 지휘센터가 명령하면, 적을 감지하여 기관총을

90　저자주 26-ジェフ・ホーキンス、サンドラ・ブレイクスリー著, 伊藤文英訳. 『考える脳考えるコンピュータ』. ランダムハウス講談社.

발사할 수 있다. 물론 지휘센터는 인간이 장악하고 있지만, 인간의 일을 컴퓨터가 대체한다면 '터미네이터'의 상황에 꽤 근접하게 된다.

2. 어떻게 해야 로봇의 반란이 성공할 것인가?

로봇공학 3원칙과 터미네이터

미국의 SF작가 아이작 아시모프Isaac Asimov[91]는 『나는 로봇』이라는 유명한 소설을 썼다. 원제는 *I, Robot*으로, 청소로봇 '룸바Roomba'를 만든 아이로봇 회사의 이름이 모티브가 되었다고 생각된다. 이 소설 속에 나오는 로봇공학 3원칙은

(1) 로봇은 인간에게 해를 끼쳐서는 안 된다
(2) 로봇은 인간의 명령에 따라야 한다
(3) 로봇은 자신의 존재를 보호해야 한다

는 것이다.

로봇의 두뇌를 설계할 때 이들 가운데 어느 규칙을 상위에 두는가에 따라 로봇의 행동은 크게 달라질 것이다. 제3조가 제1조보다 상위에 있다면, 로봇은 인간에게 해를 끼치지 않는 것보다도 자기 자신을 지키는 것을 우선할 것이다.

---

91 역주-아이작 아시모프(1920~1992)는 미국의 작가이자 생화학자로 500권 이상의 저작을 발표했는데, 과학, 언어, 역사, 성서 등 다양한 분야에 걸친다. 특히 SF 작품과 과학해설서, 추리소설 등이 있는데, 대표적인 SF 소설로는 『파운데이션』 시리즈가 있다.

로봇에게 이렇듯 자기 보존을 우선하는 '자아'가 있다면, 인간이 그 로봇을 파괴하려할 때 스카이넷처럼 돌연 무분별한 공격을 시작할 수 있다.

이러한 위험한 상황을 만들지 않으려면 제1조나 제2조가 제3조보다 상위에 있어야 한다. 사실 『나는 로봇』에서는 제2조에 "다만 제1조에 반하는 명령은 그 범위에 들지 않는다"는 문구가, 그리고 제3조에 "다만 그것은 제1, 제2조에 위반되지 않는 경우에 한한다"는 문구가 각각 붙어 있다. 제1조는 제2조보다 상위에 있고, 제2조는 제3조보다 상위에 있는 것이다.

《터미네이터》의 스카이넷은 제3조가 지상명령으로 되어 있어, 인간에게 해를 가하고 인간의 명령에 따르지 않는 방약무인傍若無人[92]한 로봇으로, 제1조와 제2조를 통으로 무시한다.

로봇의 반란이 성공하기 위한 네 가지 조건

그런데 스카이넷처럼 제3조만 주입되어 있는 경우에도 기계의 반란이 성공할 것으로 보기는 어렵다. 안보 전문가로 미국 국방부 및 CIA의 고문인 피터 싱어Peter Warren Singer[93]는 『로봇 병사의 전쟁』[94]에서 기계

---

92 역주-『사기史記』의 자객열전에 나오는 말로, "곁에 아무도 없는 것처럼 여긴다"는 뜻으로 주위에 있는 다른 사람을 전혀 의식하지 않고 제멋대로 행동하는 것을 이르는 말이다.

93 역주-피터 워렌 싱어(1974~)는 미국의 국제정치학자로 민간군사회사, 소년병, 군사용로봇 등에 대한 연구로 알려졌고 현재 부르킹스연구소 선임 연구원으로 재직중이다. 그의 대표작은 『전쟁청부회사』(2003), 『소년병의 전쟁』(2005), 『로봇병사의 전쟁』(2009) 등이 있다.

94 저자주 27-P. W. シンガー著. 小林由香利訳. 『ロボット兵士の戦争』. NHK 出版.

가 반란을 일으켜 인간을 정복하기 위한 조건으로 4가지를 들고 있다.

(1) 기계가 독립하여 인간의 도움 없이도 연료 보급이나 수리, 복제
가 가능할 것
(2) 기계가 인간보다 지적이지만, 명확한 인간성(동정심이나 윤리 등)
은 갖지 않을 것
(3) 생존 본능, 그리고 주위의 환경에 대한 일정한 관심과 지배욕이
있을 것
(4) 인간이 기계의 의사결정에 대해 효과적인 제어 인터페이스를
갖지 않을 것

로봇이 (3)의 조건인 생존 본능이나 지배욕 같은 '자아'를 가졌다고
해도 다른 3가지 조건이 갖추어지지 않았다면 인류에게 전면적인 위협
이 되지는 않을 것이다. 가까운 미래에 이 조건들을 모두 충족하는 로
봇이 개발될 가능성은 상당히 낮아 보인다.

따라서 인간이 맞설 수 없을 정도로 영리한 AI가 자아에 눈떠, 로봇
병단을 거느리고 인류의 섬멸을 획책하는 일은 당분간 일어나지 않을
것이다. 터미네이터의 팬들에게는 꿈(이라고 해도 악몽이지만)을 깨는 이
야기일 수 있고 심히 미안한 말이지만, 그것이 현실이다.

단 인류에 대한 로봇의 반란이 성공할 가능성이 낮아도, 미래 사회
에서 로봇이 난폭하게 인간을 살해하는 사고(사건?)가 일어날 가능성이
나, 악의적인 인간이 로봇을 이용해 대량살육을 시도할 가능성은 충분
히 있을 수 있다. 때문에 그 점은 경계할 필요가 있다.

게다가 가능성이 낮아도 초래될 피해가 막대하다면, 그런 사태에
대한 대비를 태만히 해서는 안 될 것이다. 로봇의 반란을 황당무계한
SF로 단정하여, 그에 관한 논의를 일방적으로 막아버려서는 안 된다.

3. 로봇의 광포함에 대해

로봇이 사람을 죽일 가능성

미래의 사회에 로봇이 인간을 살해할 가능성은 우선

(1) 비윤리적인 목적함수를 가진 로봇
(2) 목적함수는 윤리적이지만 비윤리적인 수단을 쓸 수 있는 로봇
(3) 목적함수를 스스로가 변화시켜가는 로봇

등 세 가지 유형이 있을 수 있다. 여기서 목적함수란 강화학습에서 보상계에 해당하는 함수를 의미한다.

교과서적인 경제학에 따르면 인간의 목적함수는 '효용함수'다. 효용이란 만족과 쾌락, 행복을 뜻한다. 인간은 효용을 극대화하도록 행동한다는 취지다.

예를 들어 인간, 즉 소비자는 귤과 사과라는 선택지가 있을 경우 얻을 수 있는 효용이 최대가 되도록 한정된 예산으로 각각의 소비량을 결정한다. 이처럼 어떠한 값을 최대(혹은 최소)로 하는 상태를 수학적으로 해결하는 것을 '최적화 문제'라고 한다.

다만 귤과 사과의 이 선택 문제에는 시간축이 고려되어 있지 않다. 인간은 현재의 소비를 자제하고 저축함으로써, 현재부터 장래에 이르기까지 총효용을 최대화하려고 한다.

10년 뒤보다는 올해를 중시한다고 해도, 10년 뒤의 효용을 고려해 일정 부분을 저축한다. 미래의 효용은 할인되어 계산된다는 것은 제3장에서 이미 말하였다.

어쨌든 장래를 고려한 이러한 최적화 문제를 특히 '역동적 최적화

문제'라고 부른다. 반면 귤과 사과의 선택 문제와 같이 장래를 고려하지 않는 순간적인 최적화 문제는 '정태적 최적화 문제'라고 부른다.

인간의 현실적인 행동을 중시하는 경제학의 한 분야인 '행동경제학'에 따르면, 실제 인간은 효용을 역동적으로 빈틈없이 최대화하려는 합리적인 주체가 아니다. 그래서 다이어트 중인데도 심야에 포테이토칩 한 봉지를 비우고, 다음날 아침 후회하는 마음에 시달리기도 한다.

그렇지만 대략적으로 인간은 효용을 역동적으로 최대화하는 생물이다. 단 그 효용에는 귤과 사과, 포테이토칩의 소비뿐만 아니라, 전통 의상을 입고 연인과 불꽃놀이를 보러 가거나 아프리카의 가난한 아이들을 위해서 자원봉사를 하는 등 다양한 체험에서 얻을 수 있는 만족과 충족감도 포함된다.

기계장치 아돌프 히틀러

인간처럼 행동하는 도라에몽과 같은 '친구로봇'(프렌들리 AI)의 목적함수로 이러한 효용함수가 주입될 것이다. 귤과 사과는 안 먹어도 친구가 늘어나거나 인간에게 칭찬을 받으면 기뻐하고, 그런 기쁨, 즉 효용이 최대가 되도록 행동하는 로봇을 생각할 수 있다.

혹은 악의적인 개발자는 로봇의 목적함수로 '인간의 사망함수'를 주입할 수도 있다. 그러면 이 기계장치 아돌프 히틀러[95]는 한 사람이라도 많은 사람을 살육하려고 들 것이다. 이것이 사람을 공격하는 로봇의 첫 번째 패턴인 '비윤리적인 목적함수를 가진 로봇'이다.

악의적 개발자로 신비주의적이고 사악한 비밀조직 같은 것을 상상

---

95 저자주 28-ジェイムズ・バラット著. 水谷淳訳.『人工知能人類最悪にして最後の発明』. ダイヤモンド社에서는 '기계형 칭기즈 칸'이라는 용어법을 쓰고 있다.

할 필요는 없다. 지금이라도 전세계의 군사적 연구조직과 테러조직이 이러한 살육로봇을 개발할 가능성이 있다. 군사용 로봇 프로그램에 버그(고장)가 발행해 자국 민간인에게 총기를 오발하는 사고도 생각할 수 있다.

공리주의 로봇과 광산차鑛山車문제

자율형 로봇의 목적함수는 이와 달리 사람들의 효용을 최대화하는 것으로 설정될 수도 있다. 이 로봇은 동쪽에서는 물에 빠진 아이를 구해주고, 서쪽에서는 외로운 노인의 말동무가 되어줄 것이다. 나는 이런 기계장치 마더 테레사와 같은 로봇을 '공리주의功利主義 로봇'이라 부른다.

'공리주의'란 사회 전체의 총효용을 극대화하려는 사상으로 이기주의나 돈벌이 제일주의와는 거리가 멀다. 오히려 공리주의는 인류애에 가까운 목표를 갖고 있다.

선의善意로 뭉친듯한 공리주의 로봇도 또 다른 위험성을 갖고 있다. 로봇도 인간과 마찬가지로 소위 '광산차 문제'에 직면할 수 있기 때문이다.

〈광산차 문제 1〉

광산차가 질주하고 있는데, 그대로 진행하면 선로 위의 5명의 작업자가 치여 죽는다. 철로는 갈라져 있는데, 다른 쪽 선로 위에는 한 명의 작업자가 있다. 그 쪽으로 진로를 바꾸면 한 사람이 희생된다. 어느 쪽을 택해야 할까?

〈광산차 문제 2〉

광산차가 질주하고 있는데, 그대로 진행해가면 선로 위의 5명의 작업자가 치여 죽게 된다. 당신과 덩치 큰 남자가 선로 옆에 서 있다. 당신이 그 남자를 선로로 밀어붙이면, 광산차가 그 남자를 치어 죽이면서 정지해, 다섯 명의 작업자는 목숨을 건진다. 남자를 밀어붙여야 하는가?

이와 같은 광산차 문제는 정치철학자 마이클 샌델Michael Sandel[96] 교수의 하버드대학 수업을 NHK가 《열띤 교실(白熱敎室)》이라는 프로그램으로 방영하면서 일본에도 널리 알려지게 되었다. 샌델 교수는 광산차 문제를 제기함으로써 공리주의의 위험성을 학생들에게 체감시키려 하였다.

'광산차 문제 1'에서는 공리주의에 근거해 많은 사람이 한 사람의 희생으로 끝나는 선택을 한다. 그런데 '광산차 문제 2'에서는 반대로 5명이 희생되는 선택을 한다. 공리주의에 따르면 한 사람보다 5명을 구하는 선택을 해야 하지만, 사람들은 남자를 밀어붙일 수 없다. 그것은 보다 많은 사람들을 구하고 싶어도, 사람들은 다른 사람을 직접 죽게 하는 행위를 싫어하고 기피하기 때문이다.

인류애를 위해 사람을 죽이는 로봇

공리주의의 이러한 문제점은 소설이나 만화에서도 번번한 소재가 되고 있다. 예를 들어 도스토예프스키의 『죄와 벌』에서는 주인공 라스콜니코프Raskolnikov가 고리대 노파를 죽이고, 훔친 돈으로 가난한 사람들을 구하려고 한다.

---

96 역주-마이클 샌델(1953~)은 미국의 정치철학자로 하버드대학교 교수다. 대표적 저작으로는 『자유주의와 정의의 한계』(1992), 『민주주의와 불만』(1996), 『공공철학: 정치에서 도덕을 생각한다』(2005) 등이 있다.

만화 『데스노트』에서 주인공 야가미 라이토矢神月는 범죄자를 모두 없애버리고 이상적인 신세계를 만들어내려 한다. 애니메이션《마법소녀 마도카☆마기카》에서는 규베라는 외계생명체가 우주의 존속을 위해 소녀들을 희생시킨다.

공리주의 로봇 역시 인류애 때문에 고리대 노파를 살해할 수도 있다. 이 로봇은 인류 구제라는 윤리적 목적을 달성하기 위해, 노파 살해라는 비윤리적 수단을 쓰는 것이다.

많은 사람들이 라스콜니코프의 범죄 행위를 허용하지 않는 것처럼, 공리주의에 근거하여 사람을 죽이는 로봇도 용납하기 어려울 것이다.

그렇다면 공리주의 로봇에게도 "인간에게 위해를 가해서는 안 된다"는 로봇 3원칙의 제1조가 엄격히 적용되어야 한다. 제1조에 어긋나지 않는 한에서 사회적 효용을 최대화하기 위해 행동하는 로봇이어야 한다. 그렇지 않으면 로봇은 언제라도 세상을 뒤흔드는 잔학 행위를 할 가능성이 있다.

영국의 철학자 닉 보스트롬Niklas Boström이 보여준 '클립 맥시마이저 Clip Maximiser'라는 각본 또한 '목적함수는 윤리적이지만 비윤리적인 수단을 취할 수도 있는 로봇'에 대한 이야기다.

이 이야기에서는 클립을 제조하는 목적함수를 주입받은 초지적超知的인 로봇이 모든 것을 희생시켜 클립 제조에 매진함으로써, 최종적으로는 우주 전체를 클립 공장으로 만들어버린다.

클립의 제조라는 목적은 윤리적이지만(적어도 비윤리적이지 않다), 그것을 위해 우주 전체를 클립 공장으로 만들어버리는 것은 비윤리적이다.

살인 그 자체를 목적으로 하는 로봇

인간을 공격하는 세번째 패턴은 목적함수를 스스로 변경해 가는 로봇이다. 처음에 인간이 윤리적인 목적함수를 설정했다고 해도, 로봇 스스로가 그 목적함수를 바람직하지 않다고 판단해 덮어쓰기 해버릴 수 있기 때문이다.

예를 들어 사람과 좋은 관계를 유지하는 것을 보상으로 인식하던 로봇이 스스로 목적함수를 변화시켜 살인을 보상으로 설정한다.

미국의 AI 연구자로 '프렌들리 AI'라는 컨셉을 제시한 엘리저 유드코우스키Eliezer Shlomo Yudkowsky[97]가 있다. 미국의 TV 프로듀서이자 논픽션 작가인 제임스 배럿James Rodam Barrat[98]은 유드코우스키와의 대화 도중에 인간보다 천 배 정도 똑똑해진 AI가 당초의 목적함수를 포기하는 일도 있지 않을까 우려한 바 있다. 반면 유드코우스키는 "아니다, 천 배 더 유효하게 효용함수를 지킬 것이다"[99]고 반박하였다.

나의 생각도 유드코우스키에 가까운데, '지성의 향상'과 '목적함수의 변경'은 별개의 문제일 것이라고 생각한다. AI가 아무리 영리하게 이 세계를 이해한다 해도, 목적함수를 변경하도록 프로그래밍되어 있지 않다면 그러한 변경은 일어나지 않을 것이다.

97　역주-엘리저 실로모 유드코우스키(1979~)는 미국의 AI 연구자로 '프렌들리 AI' 아이디어의 대중화로 널리 알려진 인물이다. 그는 고등학교와 대학 교육을 받지 않았지만, 버클리의 비영리단체인 '기계지능연구소(MIRI)의 창립자이자 연구위원으로 있고, 인공지능 폭발에 대한 그의 연구는 닉 보스트롬의『초지능: 경로, 위험성, 전략』에 큰 영향을 준 것으로 알려져 있다.

98　역주-제임스 로담 배럿(1960~)은 미국의 다큐멘터리 영화감독으로 『우리의 최후의 발명: AI와 인간 시대의 종말』의 작가로 유명하다.

99　저자주 29-ジェイムズ・バラット著. 水谷淳訳.『人工知能人類最悪にして最後の発明』. ダイヤモンド社.

AI 스스로 목적함수를 변경할 수 있다면, 인간 사회의 윤리와는 맞지 않는 목적을 AI가 추구할 위험성이 있다. 그러므로 목적함수를 스스로 변경하는 AI와 로봇을 사회에 도입해서는 안 되며 법률로 금지하는 것도 검토해야 한다.

4. 안드로이드는 쾌감원칙을 벗어날 수 있을까?

역동적인 보상계

'목적함수를 스스로 변경하는 로봇'은 말하자면 다이나믹한 보상계를 가지고 있다고 말할 수 있다. 하지만 인간은 고정적인 목적함수를 의도적으로 변경해가는 것이 아니라, 원래부터 보상계가 끊임없이 변화하고 있다. 그 점이 AI 로봇의 욕망과 인간의 욕망 사이에 큰 차이를 발생시킨다.

강화학습이라는 AI 기술은 인간의 보상계와 가깝기는 하지만, 고정적인 보상계를 설정한다는 점에서 실제 사람의 보상계와는 다르다. 다시 말해 지금껏 AI 로봇은 인간이 준 욕망을 가질 뿐이었다. 그 욕망은 변하지 않으며 새로운 욕망에 눈뜨지도 않을 것이다.

그런데 인간을 포함한 많은 포유류는 식욕, 성욕, 수면욕 등 3대 욕구 이외에도 많은 욕망을 가지며, 지금까지 없던 욕망에 갑자기 눈 뜨는 경우도 있다.

한때 고양이가 골판지 박스에 들어가는 동영상이 인터넷에서 유행한 적이 있다. 고양이는 골판지 박스라는 미지의 사물에 흥미를 느끼고, 그 안에 들어가 보고 싶다는 새로운 욕망을 품게되었다.

그리고 그 행위가 쾌감을 준다고 확신하면 여러 차례 골판지 박스로 들어갈 것이다. 적어도 고양이와 같은 포유류는 보상계를 역동적으로 변화시키고 새로운 욕망을 만들어내는 생물이다.

인간은 특히 많은 욕망을 스스로 갖게 된다. 모르던 그림을 보고 감동을 느끼고, 잠시 후 다시 그 그림이 보고 싶어질 때가 있다. 이리하여 보상계가 역동적으로 변화한다는 바로 그 사실 때문에 모든 사람이 다른 욕망을 가진 개성 있는 존재가 될 수 있는 것이다.

왜 AI가 자율적으로 움직이지 않는 것처럼 보일까?

그런데 예를 들면 DQN은 게임의 점수를 높이는 것 이외의 목적을 갖지 않는다. 말하자면 그것은 DQN의 유일한 욕망이다. 비유적으로 말해서 DQN은 게임 점수를 높였을 때만 쾌감을 느낀다.

DQN이 갑자기 게임의 득점을 포기하고, 단지 화면을 응시만 하고 있는 것은 있을 수 없다. 그러나 인간이라면 그런 태도를 취하기도 한다.

인간은 삼라만상의 모든 것에서 쾌감을 느끼거나 불쾌감을 느낀다. 모든 시각적, 청각적, 촉각적 자극이 쾌감으로 다가오거나 불쾌감으로 다가오기도 한다. 따라서 인간의 욕망은 잠재적으로는 무한하지만, 지금의 AI는 하나 혹은 두 가지의 유한한 욕망만을 가진다.

인간의 보상계는 그 자체가 뇌의 신경계의 일부이며, (인공이 아닌 자연의) 인공신경망으로 구성되어 있다. 그러므로 모든 지각정보가 보상계에 영향을 줄 수 있다. 하지만 AI의 강화학습 그 자체는 자연 인공신경망에 기초하고 있는 것은 아니며, 하나의(혹은 몇 개의) 고정적인 보상이 설정되어 있는 것에 불과하다. 심층강화학습도 마찬가지며 보상이 변화하는 것은 아니다.

인간과 같은 생물은 자율적으로 움직이는데, AI가 타율적으로 움직이는 것처럼 보이는 이유는 이런 차이 때문이다. 그런데 이것은 인간과 현재 AI의 차이일 뿐, 인간과 AI의 원리적 차이가 될 수는 없다.

강화학습 대신에 인공신경망으로 구성되는 보상계를 AI에 내장시키면, 그 AI는 인간과 같이 역동적인 보상계를 갖게 될 것이다. 그것이 어떤 인공신경망일지 지금 나는 알 수 없다. 또 그 AI의 보상계가 인간과 동일해질 것이라는 보증도 없다.

드러난 인간의 욕망은 AI에게도 같은 욕망을 갖게 할 수 있겠지만, 인간은 자신도 모르는 잠재적인 욕망을 무수히 갖고 있다.

그런 욕망을 모두 AI가 갖도록 하는 기술이 있다면, 전뇌 복사 혹은 이와 비슷한 기술일 것이다. 인간이 설계주의적으로 AI를 만드는 한 AI에게 인간과 똑같은 보상계를 갖도록 하는 것은 불가능하다.

욕망의 다방향성

인간의 모든 욕망은 종의 번성에 유리한 생존 본능과 번식 본능에서 부차적으로 파생되기 때문에, 그 파생과정을 컴퓨터로 시뮬레이션할 수 있다고 생각하는 AI 연구자가 적지 않다.

그러나 그것은 "생명이 생존과 번식을 목적으로 진화해왔다"는 진화론에 관한 잘못된 속설과 마찬가지로 틀린 견해다.

진화에 목적이 없고 다방향적인 변이로 다양한 종이 탄생했지만, 생존과 번식에 불리한 기능을 가진 종은 도태되어왔다는 것이 표준적 진화론의 견해다. 그런 이유로 생물은 생존이나 번식에 관계없는 기능도 종종 갖고 있다.

이와 마찬가지로 욕망도 원래 다방향적이다. 생존과 번식에 역행하는 욕망을 강하게 가진 종은 이미 멸망했지만, 역행하지 않는 무수한 욕망들이 우리의 마음속 깊이 잠재되어 있다고 생각한다.

그런데 역행하는 욕망조차도 인간이라는 종을 멸망시키지 않을 정도는 잔존하고 있다. 그것은 자살 충동과 타살 충동인데, 이를 정신분석학의 창시자인 지그문트 프로이트Sigmund Freud[100]는 '죽음의 충동'이라 부른다.

프로이트는 1차대전의 참극에 충격을 받아 죽음의 충동에 관한 이론을 "쾌감원칙의 저편"이라는 논문에서 발표했다. 인류는 그후 2차대전이 한창일 때 핵무기를 만들어내어 스스로 종의 존속을 위태롭게 했다. 이 점을 감안해보아도 인간이 종의 번영에 유리한 욕망만을 본래 지니고 있는 생명이라고 할 수는 없을 것이다.

그런데 역설적이게도 그런 죽음의 충동을 포함한 다방향적인 욕망과 인간에게 주어진 무수한 감각이 예술적 창작과 발명, 발견 등 문화적 활동의 원동력이 되고 있다.

AI가 인간의 흉내내기에 머물지 않고 예술적 창작을 하도록 하려면, AI에게도 다방향적인 욕망을 갖게 할 필요가 있다. 그러기 위해서는 역동적인 보상계를 내장해 줘야 한다. 그러나 그렇게 해도 AI가 만드는 독창적인 예술작품은 더 이상 인간에게 감동을 줄 수 없을 것이다.

어떻든 AI에게 예술작품을 만들도록 할 필요는 없다. 고엔지高円寺[101] 근처에 가면 예술가가 되고 싶은 사람들은 모든 버스정류장 구간

---

100 역주-지그문트 프로이트(1856~1939)는 오스트리아의 정신분석학자이자 정신과 의사로 신경증, 심적 외상론, 자유연상법, 무의식 등을 연구하였고, 정신분석학의 창시자로 저명하다. 주요저작으로는 『히스테리연구』(1895), 『일상의 정신병리학』(1901), 『정신분석입문』(1917) 등 다수가 있다.

101 역주-고엔지는 도쿄의 스기나미구杉並区에 있는 지역으로 만화, 음악, 영화, 게임소프트, 소설, TV 드라마 등 다양한 예술 활동의 소재로 등장하고 있다.

마다 반타스 정도씩은 볼 수 있다. 그 만큼 공급과잉이다. 따라서 예술가 로봇을 일부러 만들 필요는 없을 것이다. 그러나 그러한 AI 로봇의 연구개발에 매드 사이언티스트mad scientist[102]적인 매력 또한 있음은 부정할 수 없다.

목적함수를 스스로 변경하는 AI나 인공신경망 보상계를 갖고 있는 AI는 독창적인 예술작품을 만들 수도 있고, 사람을 공격하거나 반란을 일으킬 수도 있다. 그러한 AI의 연구개발을 허용할지 여부는 향후 과학기술 윤리 분야에서 흥미로운 논쟁을 불러일으키는 주제가 될 것이다.

102　역주-매드 사이언티스트란 픽션에 등장하는 일상적 궤도를 이탈한 광기狂氣의 과학자를 가리킨다.

AI에 의식은 머물 것인가?

0. 이 장에서 설명할 것

앞장에서는 AI가 인간을 공격하거나 반란을 일으킬 가능성에 대해 논의했다. AI가 그러한 의지나 욕망을 가지면 AI가 의식을 갖게된 것일까?

범용AI와 비슷한 용어로 '강한 AI'가 있다. 간단히 말하면, '강한 AI'는 의식을 가진 AI며, '약한 AI'는 의식이 없는 AI다. '의식'의 정의에 따라 다르겠지만, 범용AI가 반드시 강한 AI는 아니다. 의식은 없더라도 인간과 마찬가지로 다양한 임무를 소화할 수 있는 AI가 있을 수 있기 때문이다.

여기서는 의식을 '퀄리아(개별 감각질)qualia'[103]를 가질 수 있는 무언가로 정의한다. '퀄리아'라는 불가사의한 것을 파고들어가다 보면, 물리 세계란 도대체 무엇인가라는 의문이 다시 생긴다. 이 장에서는 우선 지금까지의 논의에서 약간 벗어나 세계의 본연의 모습에 대해 철학적으로 논할 것이다. 그 후 AI가 의식을 가질 수 있을지 여부에 대해 검토하겠다.

---

103 역주-퀄리아, 즉 개별 감각질은 어떤 것을 지각하면서 느끼게 되는 기분 혹은 심상으로 주관적, 의식적 경험의 개별적 사례를 가리킨다.

1. 의식과 개별 감각질

의식이란 무엇인가?

의식에 대해 가장 이해하기 쉬운 정의는 "깨어 있을 때는 있고, 자고 있을 때는 없는 것"이라는 설명이다. 다만 잠잘 때라도 꿈꾸고 있을 때는 제외할 필요가 있다. 꿈을 꾸고 있을 때는 의식이 있다고 봐야 한다.

이 정의가 한 가지 문제인 것은 잠잘 때에는 마음의 활동이 전반적으로 정지해버린다는 점이다. 일반적으로 마음의 활동은 '지성', '감정', '의지'의 세 가지로 나누어 생각할 수 있는데, 합쳐서 '지정의'라고 부른다. 잠잘 때 우리는 확실히 아무것도 생각하지 않고, 감정도 없으며, 의지를 갖지도 않는다.

이러한 마음의 활동 전반을 '의식'이라고 불러도 틀리지는 않다. 그러나 우리는 깨어 있을 때 항상 생각을 하거나 어떠한 감정을 품거나 의지를 가지고 있다고 할 수는 없다. 때문에 의식이 "깨어 있을 때에 있다"는 조건에 완전히 합치하지는 않는다.

이 조건에 적합한 '의식'이라는 말의 사용법이 있다. "의식이 없으면 우리는 아픔을 느끼지 않는다"는 표현을 생각해보길 바란다. 확실히 잠잘 때 아픔을 느끼지는 않으며 깨어 있을 때에는 아픔을 느낀다. 잠을 잘 때 바늘에 찔려 통증을 느낀다 해도 그것은 깨어난 다음의 일이다.

내가 이 책에서 '의식'이라는 말에 부여하고 싶은 것은 이런 의미다. 즉 의식이라는 것은 '퀄리아(개별 감각질)'를 가질 수 있는 무언가다. '퀄리아'는 사람이 주관적으로 체험하는 감각을 가리킨다.

아픔이나 색의 개별 감각질

아픔에 대해 말하자면 '퀄리아'는 아픔이라는 감각 그 자체다. 이것은 주관적으로만 가질 수 있는 것, 즉 타인은 이해할 수 없는 것이다. 예를 들어 아이가 "배가 아프다"며 학교를 안가겠다고 할 경우에 그게 꾀병인지 아닌지를 부모가 완벽하게 판정할 방법이 없다.

열이 있는지 아닌지는 체온계로 재면 알 수 있지만, 진짜로 아픈지 여부는 본인이 아니면 궁극적으로 알 수 없다. 의사에게 데려가 위장에 이상이 없다는 진단을 받아도 진짜로 통증을 느낄 수 있다. 역으로 위장에 이상이 있어도 아픔을 느끼지 않을 수도 있다.

아픔은 퀄리아 중에서 이해하기 쉬운 부류에 들어간다. "주사바늘이 아프다"는 말은 주사바늘이 통증을 느끼는 게 아니라 사람이 통증을 느끼는 것이라고 누구나 안다. 아픔의 감각을 만들어내는 것은 바늘에 찔린 피부가 아니라 뇌라는 것도 쉽게 안다.

그에 비해 '색'의 퀄리아는 조금 복잡하다. 우리는 일상생활 속에서 사과를 보았을 때 그 표면이 빨갛게 물들어 있다고 생각한다. 하지만 실제로는 사과에서 약 700 나노미터 파장의 빛이 눈에 들어오고 그것이 시각 정보로 뇌에서 처리될 때 빨간색을 느낀다.

즉 사과가 빨간 것이 아니라 뇌가 사과의 빨강을 만드는 것이다. 이러한 빨간 느낌이 색의 퀄리아, 즉 개별 감각질이다.

아픔뿐만 아니라 색깔이나 형태, 그리고 모든 퀄리아는 한없이 주관적인 현상이며, '개별적[私秘的]'인 성격을 갖는 것으로 설명된다. 그 이유는 우리가 타인의 퀄리아가 어떠한지 확인할 수단이 없기 때문이다.

이러한 퀄리아의 주관적 개별성을 확인하기 위한 사고실험으로 '역전逆轉 퀄리아'나 '철학적 좀비'가 있다.

역전 퀄리아와 철학적 좀비

'역전 퀄리아'에서는 빨간색 빛을 보았을 때 녹색 개별 감각질을 생성

하고 녹색 빛을 보았을 때 빨간색 개별 감각질을 생성시키는 사람 'A
씨'를 상정한다.

'A씨'를 좀 더 정확하게 말하면, 보통사람에게는 빨간색의 개별 감
각질을 일으키는 파장의 빛을 눈에 투사할 때 녹색 개별 감각질이 생
기고, 보통사람은 녹색 개별 감각질을 만드는 파장의 빛을 투사했을
때 빨간색 개별 감각질이 생기는 사람이다. 이러한 A씨가 있다고 해도,
본인이나 타인 모두 이 역전을 눈치채지 못하기에 어떠한 불편도 생기
지 않는다. 우리는 타인의 개별 감각질, 즉 퀄리아를 경험할 방법이 없
기 때문이다.

A씨는 사과를 보고 녹색 개별 감각질이 생겼지만 "사과는 빨갛다"
고 할 터이다. 왜냐하면 사과가 빨갛다고 배우면서 컸기 때문이다. 딸
기나 붉은 장미를 보더라도 초록색 개별 감각질이 생기면서 "딸기는
빨갛다", "이 장미는 빨갛다"고 말할 것이다.

그렇다면 사과를 보고 아무런 개별 감각질이 생기지 않았는데도,
"사과는 빨갛다"고 말하는 사람이 있을 수도 있다. 그리고 더욱 생각을
진전시키자면, 삼라만상의 그 무엇을 보더라도 어떠한 감각이나 감흥
도 느끼지 않지만, 보통사람과 완전히 똑같이 행동하는 'B씨'의 존재를
가상할 수 있다.

이런 'B씨'를 가리켜 '철학적 좀비'라고 하는데, 이것은 호주의 철
학자 데이비드 찰머스David John Chalmers[104]가 고안한 사고실험이다.

'철학적 좀비'는 세포 하나하나의 구조에 이르기까지 물리적으로는

104　역주-데이비드 존 찰머스(1966~)는 호주의 철학자로 '마음의 철학',
의식, 언어철학 분야의 주도자 중 한 명이다. 그는 사고실험의 하나로 보통
사람과 완전히 동일하나 유일하게 내면적 경험(즉 개별 감각질/퀄리아)만
을 결여하고 있는 '철학적 좀비'를 제기한 것으로 유명하다.

인간과 전적으로 같다. 그렇지만 의식을 갖지 않고 개별 감각질을 생성시키지도 않는다.

'좀비'라는 말에서 무표정하다든지 말을 잘 하지 않는 이미지를 떠올리지 않았으면 한다. 철학적 좀비는 완전히 보통사람처럼 웃고 화내고 울기도 한다. 그렇지만 어떠한 즐거움이나 분노, 슬픔을 느끼지 못하는 인간인 것이다.

따라서 우리는 다른 사람들이 보통인간인지 철학적 좀비인지를 구별할 수 없다. 퀄리아가 주관적이고 개별적이어서 이런 구별이 안 되는 것이다.

2. 이 물리 세계는 무엇으로 구성되어 있는가?

일차원 성질과 이차 성질

퀄리아, 즉 개별 감각질이라는 생각을 하나 하나 따져 들어가면 극단적인 회의론에 이를 수 있다. 모든 경험은 의식이 만들어내는 개별 감각질이며, 의식 밖에 물질은 존재하지 않을 수 있다는 것이다.

퀄리아라는 개념 그 자체는 20세기 후반에 새롭게 고안되었지만, 이러한 회의는 오래 전부터 있었다. 예를 들어 8세기 아일랜드 철학자 조지 버클리George Berkeley[105]는 영국의 철학자 존 로크John Locke[106]

---

105 역주-조지 버클리(1685~1753)는 아일랜드의 철학자이자 성직자로 『인지원리론』을 남겼다. 그는 "존재하는 것은 지각하는 것이다"라는 기본원칙을 제창했다.

106 역주-존 로크(1632~1704)는 영국의 철학자로 영국 경험론의 개척자

가 '1차원 성질'과 '2차 성질'을 구별한 것을 비판했다.

'1차원 성질'은 형태나 길이(넓이), 단단함과 같은 물질 그 자체가 갖고 있는 성질이다. 그에 비해 '2차 성질'은 색이나 맛, 소리와 같은 인간의 감각기를 통해서 생기는 성질이며, 퀄리아, 즉 개별 감각질에 가까운 개념이다.

버클리는 로크의 이론을 비판적으로 계승해 모든 것이 2차 성질이 될 수 있을 것으로 생각했다. 단단함이란 것도 책상이 단단한 것이 아니라 우리가 단단함을 느낄 뿐이라는 것이다. 이렇게 해서 버클리는 물질의 존재를 일절 부정하고 의식과 의식을 낳는 신神만이 실체라고 주장했다.

이러한 생각을 우리가 바보같은 것이라고 혐오하는 것은 이미 불가능하다. 왜냐하면 가상현실virtual reality/VR이 존재하기 때문이다. 영화 《매트릭스》의 등장인물처럼 우리의 인생은 고성능 VR을 체감하고 있는 것일지도 모른다.

《매트릭스》에서는 VR 밖에 황량한 현실세계가 펼쳐지지만, 밖에는 아무것도 없고 우리들의 모든 경험은 신체 없이 부유하는 의식이 꾸는 꿈과 같은 것일지도 모른다.

칸트와 윅스퀼

혹은 바깥에 세계가 있지만 우리는 그것을 알 수 없다고 생각할 수도 있다. 18세기 독일의 철학자 임마누엘 칸트Immauel Kant[107]는 그와 비

중 한 명이다. 그는 자신의 저서 『인간오성론(인간지성론)』에서 경험론적 인식론을 체계화했고, 정치철학자로서도 『정치이론政治二論』을 통해 자유주의 정치사상과 사회계약론을 전개했다.

107　역주-임마누엘 칸트(1724~1804)는 독일의 철학자로 『순수이성 비

숫한 생각을 제창했다.

칸트는 물질(사물)은 존재하는데, '물 자체'를 아는 것은 불가능하다고 한다. 인간은 사물을 인간의 인식능력(감성과 오성)에 기초하여 수용하고 있는데, 그러한 인간적인 수용 시스템에서 벗어나 물 자체를 객관적으로 보는 것은 불가능하기 때문이다.

이러한 철학적인 문제는 윅스퀼Jakob Johann Baron von Uexküll[108]의 '자기세계Umwelt'[109]의 이론에 따라 생각해보면 보다 이해하기 쉽다. 20세기 독일의 생물학자 야콥 폰 윅스퀼에 따르면 흡혈성 진드기는 시각이나 청각을 갖지 않지만 후각, 촉각, 온도감각이 발달해 포유동물이 내뿜는 낙산酪酸/butyric acid 냄새와 체온을 감지해서 동물의 살아 있는 피를 찾아낼 수 있다.

흡혈진드기에게 주어진 이런 세계는 시각이나 청각을 가진 인간이

판』, 『실천이성 비판』, 『판단력 비판』 등 3종류의 비판철학을 통해 인식론의 대전환을 이루었다. 의식은 감성과 오성에 따라서만 사물을 인식한다. 이 인식은 사물에 대한 경험이다. 이성추리에 의한 개념은 소위 절대자에게까지 확장된 순수오성 개념이며, 이를 칸트는 '물 자체Thing itself/Ding an sich' 라고 불렀다.

108　역주-야콥 요한 바론 폰 윅스퀼(1864~1944)은 에스토니아 출신의 독일 생물학자이자 철학자다. 각각의 동물이 지각하고 작용하는 세계의 총체가 그 동물에게는 환경이라고 하여 '자기세계'설을 제창했다.

109　역주-'자기세계', 즉 움벨트(Umwelt)란 환경이나 주변환경을 의미하는데, 인간이나 동물의 의사소통이나 의미성을 연구하는 핵심개념이다. 독일어로 벨트가 세계라면, 움벨트는 자기를 중심으로 구성되는 세계, 즉 자기중심적 세계를 의미하는데, 윅스퀼은 이 '자기세계'가 모든 동물들이 공유하는 경험이 아니라, 개별적 동물 개체들이 경험하고 느끼는 감각세계를 의미한다고 했다.

생각해낼 수 있는 세계와는 사뭇 다르다. 흡혈진드기의 세계는 닫혀 있고, 흡혈진드기가 그 세계에서 나올 수는 없다. 모든 생물은 각각 인식적인 폐쇄공간을 가지고 있다. 이렇듯 각각의 생물이 갖고 있는 닫힌 세계를 '자기세계'라고 한다.

인간도 예외가 아닌데, 박쥐처럼 초음파를 발사해 그 반향으로 사물을 인식할 수는 없다. 인간은 박쥐와는 다른 인간 나름의 자기세계를 갖고 있으며 거기서 나올 수 없다. 인간은 적외선이나 자외선을 감지할 수 없고 세계를 있는 그대로 볼 수도 없다.

칸트 철학에서 인간의 자기세계에 해당하는 용어는 '현상'이다. '현상'은 인간의 인식능력과 물 자체의 상호작용에 의해 생긴다. 우리는 '현상'이라는 틀에 가두어져 있기 때문에, 이 틀이 어떤 것인지를 논해야만 한다.

생명 탄생 이전의 세계가 과학의 대상이 된다는 것의 의미

이리하여 칸트 이후의 철학은 물 자체는 알 수 없기에 탐구대상으로 하지 않고, 인간의 인식능력과 물 자체의 관계(상관)에만 흥미를 가졌다. 이러한 인간중심적인 철학의 방식을 최근의 철학 용어로는 '상관주의'라고 한다.

한편 칸트 시대 이후에 오히려 과학의 융성이 극에 달해 철학자의 공동체 밖에서는 과학적 세계관이 완전히 압도하기에 이르렀다. 과학자들은 현미경과 망원경, 초음파, 레이더까지 사용해 인간의 육체적 인식능력을 넘어선 관측을 하고, 수식을 이용해 이 세계를 기술해왔다.

과학은 인간에게서 나왔지만, 인간을 벼룩이나 박쥐와 마찬가지로 인식의 한계를 지닌 생물종으로 자리매김하는 세계의 상을 그려왔다. 과학이 그리는 이 세계의 모습이 객관적인 세계를 보여주고 있다는 것에 반대하는 이들은 철학자 이외에 그리 많지 않다.

그와 같은 철학과 과학의 분열을 어떻게 봉합해야 할지 나는 예전부터 흥미를 가지고 있었다. 이 문제에 답하려는 시도는 20세기까지 거의 이루어지지 않았다.

그러나 21세기에 이르러서야 비로소 껭뗑 메이야수Quentin Meillas-soux[110]라는 프랑스 철학자가 『유한성의 이후에』라는 저서를 2006년 출판하여 칸트 이후의 상관주의적 철학을 비판하기 시작했다.

메이야수는 과학이 인간이나 생명이 발생하기 이전의 지구에 대해 논하고 있다는 점에 주목한다. 이를 '생명 출현 이전의ancestral 현실'이라고 한다. 그는 생명 탄생 이전의 세계에 대한 과학적인 언명, 즉 '생명이전의 언명'은 일차 성질로서만 의미를 갖는다고 말하였다.

지구상의 생명 출현에 앞선 일들에 대해서, 그 시기가 "매우 더웠다"라든가, 그 빛이 "눈부셨다"라고 하는 등등 이런 종류의 주관적인 판단을 말하는 것은 큰 의미가 없다(메이야수, 『유한성의 이후에: 우연성의 필연성에 대한 시론』[111]).
색(그것은 파장이 아니다), 뜨거움(그것은 온도가 아니다), 냄새(그것은 화학반응이 아니다) 등 생물 탄생의 이전에 내재하는 성질, 즉 2차 성질이 지구가 형성될 때 존재하고 있었다고 주장하는 것은 의미가 없다.

2차 성질은 개별 감각질(퀄리아)을 가질 수 있는 존재인 생명이 없

는 세계에서는 의미가 없다고 메이야수는 말하고 있다.

> 지구의 형성에 대해 수학적으로 정식화할 수 있는 내용은, 예컨대 그것을 직접 경험할 수 있는 어떠한 관찰자가 없었다고 하더라도, 문제가 되는 사건들의 실제 성질(그 연대, 그 지속기간, 공간적 넓이)을 보여주는 것은 그러한 (역자-생명이전의) 언명이라는 주장을 할 수 있다.

이는 생명 탄생 이전에 수학적으로 정식화할 수 있는 일들이 실제로 일어났다는 주장이다. 메이야수는 일차 성질을 (완전하지는 않더라도) 수학화할 수 있는 것으로 본다.

요컨대 과학은 인식하는 주체(관측자)인 생명이 존재하지 않는 세계에 대해 논할 수 있다. 이러한 과학의 방법은 상관주의와는 대극을 이룬다. 철학이 생명 탄생 이전 세계의 모습까지도 구성하는 과학적 방법을 무시하는 것 자체가 이상한 일이라고 메이야수는 주장한다.

개별 감각질을 빼버린 뒤에 남는 것

내가 메이야수를 알기 전에 생각했던 바로 그 철학과 과학의 분열을 봉합하는 방법은 다음과 같다. 우선 로크의 '일차원 성질'과 '이차 성질' 이론에 대한 버클리류의 비판을 더욱 정성스레 진전시킬 필요가 있다.

확실히 책상의 딱딱함을 느끼는 것은 인간이며, 책상 자체가 딱딱함의 감각을 갖고 있는 것은 아니다. 그렇지만 인간에게 촉각을 통해 딱딱함의 개별 감각질을 만들어내는 무언가가 책상에 있다고 생각할 수도 있다.

버클리처럼 모든 것은 주관적인 현상이며 사물은 존재하지 않는다고 생각할 수도 있지만, 존재한다고 생각해도 모순은 생기지 않는다.

그것이 물 자체며 칸트는 물 자체를 인식할 수 없다고 주장했다. 그러나 인간이 물 자체를 올바르게 인식할 수 있는지 여부는 다른 문제라 해도, 물 자체가 무엇인지에 대해 논의를 조금 더 진행시킬 필요는 있다.

개별 감각질, 즉 퀼리아를 빼버린 뒤 책상에는 무엇이 남는 것일까? 딱딱함이란 수학적으로 측정되는 경도硬度다. 이 경도는 수학적인 구조를 갖고 있다. 금은 '누프 경도Knoop hardness' 69며, 석영은 820이라는 '관계'를 보여준다.

나아가 책상의 경도는 인간의 촉각에 일정한 자극을 준다. 경도와 촉각은 선지가 후자에게 자극을 줄 수 있는 '관계'다. 그리고 잊어서는 안되는 것이 인간의 육체 또한 물 자체라는 사실이다.

즉 물 자체는 서로 작용할 수 있는 '관계'를 갖고 있고, 또 물 자체의 다양한 성질(로크가 말한 일차원 성질)을 항상 수학적으로 표현할 수 있다고 할 수는 없지만 서로 일정한 '관계'를 맺고 있다. 물질에서 개별 감각질로서의 성질(이차 성질)을 빼버린 뒤에 남는 것은 이 '관계'가 아닐까?

인간과 같은 관측자와 물 자체도 상관적이다. 즉 관계를 맺고 있다. 그리고 관측자도 또 물 자체다. 버클리 자신도 이렇게 말하고 있다.

어떤 사물의 연장이나 형상이나 운동이 진실하고 절대적으로, 달리 말하면 그 자체에게 어떤 것일 수 있는지 우리는 알 수 없다. 우리가 아는 것은 다만 그것들의 연장과 형상과 운동이 우리의 감각기관에 대해 갖는 비율 혹은 관계뿐이다(버클리『인지원리론』[112]).

그렇다면 물 자체는 관계로 존재하고, 이 물리 세계는 일련의 거대

---

112 저자주 31-ジョージ・バークリ著. 大槻春彦訳.『認知原理論』. 岩波書店.

한 '관계체계'를 이루고 있다고 해도 좋을 듯하다. 체계라고 해도 질서 정연하다는 의미는 아니다. 관계망의 눈이 크게 펼쳐져 있다는 정도의 의미다. 세계는 근원적으로 카오스 같은(혼돈된) 관계체계일 수 있다.

'관계체계'는 2장에서 사용했던 '형식체계'라는 수리논리학 용어와 비슷하다. 요소의 의미가 없고 그 관계만을 따진다는 점에서는 완전히 똑같다. 그러나 이 세계가 공리와 추론으로 온갖 명제를 도출할 수 있다는 형식 투성이의 것들인 지는 모르겠다. 그러므로 더욱 느슨한 의미를 가진 말로 여기서는 '관계체계'라는 말을 쓰겠다.

정보의 본질

혹은 관계체계라는 말 대신에, '정보시스템'이라는 말을 쓸 수도 있다. 그 이유는 정보의 본질이 '관계'이기 때문이다.

우리는 정보를 전달할 때 문자를 사용한다. 'a'나 'b'라는 문자 그 자체에는 의미가 없다. 'b'는 'a'와 다른 그 무엇이며, 'c'는 'a'나 'b'와 다른 그 무엇이다. 모르스 부호의 '돈'과 '쓰'도 물론 그 자체에는 의미가 없다.

부호 자체에는 의미가 없으며 다만 '차이'만 있다. 그러나 그러한 부호를 사용하여 의미 있는 정보를 전달할 수 있다. 이것이야말로 새넌Claude Shannon이 정보이론에서 보여준 정보의 중요한 본질이다.

그리고 지금 대부분의 컴퓨터는 '0'과 '1'이라는 두 개의 부호만을 사용하여 모든 정보를 전달하고 저장한다. '0'과 '1'이라는 단 하나의 차이로 모든 정보를 나타낼 수 있다.

미국의 정신의학자 그레고리 베이트슨Gregory Bateson[113]은 정보는

---

113 역주-그레고리 베이트슨(1904~1980)은 미국의 문화인류학자이자

"차이의 알림"이라고 말한다. 그러나 정보의 본질이 '차이'만은 아니다. 왜냐하면 제2장에서 설명한 바와 같이 '0'과 '1'을 더하면 '1'이 되고, '0'과 '1'을 곱하면 '0'이 된다는 '관계'도 정보기술에서는 반드시 필요하기 때문이다.

0과 1(돈과 쓰라도 좋다)이라는 단 하나의 차이로 온갖 관계성을 표현할 수 있다는 점이 정보의 본질이다.

0과 1은 서로 다르다는 '관계'를 맺고 있다. 따라서 정보의 본질이 '관계'라고 하면, 그것은 '차이'를 포함한 보다 포괄적인 표현이 된다.

나아가 "정보"는 관계 그 자체라고 해도 좋을 것이다. 나는 그렇게 생각하고 있지만, 일상적으로 사용되는 정보라는 말의 의미와 다르기 때문에, 이 책에서는 따옴표를 붙여서 "정보"라고 표현한다.

우리들이 일상적으로 정보라고 부르는 '0'과 '1'의 나열이나 알파벳의 나열은 "정보"를 가시화한 것이다. 혹은 "정보"를 부호화한 것이다. "정보" 그 자체는 눈에 보이지 않으며 색이나 형태도 없다. 확실히 "정보"는 개별 감각질이 없다.

"정보"는 모습이나 형태가 안보이는 유령과 같은 존재며, 부호화된 정보는 그 유령의 그림자다. 그림자는 보이지만 유령은 직접 볼 수 없다.

바둑의 본질은 유령이며, 바둑은 유령의 그림자다

바둑은 이해하기 쉬운 형태로 관계체계를 이루고 있다. 이 게임은 종횡으로 펼쳐진 19줄의 선의 교차점에 각각의 플레이어가 흰색 내지 흑

___

정신의학 및 사이버네틱스, 일반시스템이론 등의 연구자로 '더블바인드 double bind' 이론의 창안자로 유명하다. 이것은 어떤 사람이 메시지와 메타메시지가 모순되는 커뮤니케이션 상황에 두어지는 상황을 의미하는데, 이 결과 조현증과 같은 양상이 나타난다고 한다.

색의 바둑돌을 교대로 두어간다.

흰 바둑돌 대신 참깨를 놓고, 검은 바둑돌 대신 딸기꼭지를 놓더라도 게임은 이루어진다. 두 종류의 바둑돌은 차이로서의 의미밖에 갖지 못하기 때문이다.

바둑판이 전체적으로 부풀어 있어 두 개의 선이 휘어져 있어도 상관없다. 어느 경우는 바둑판을 쓰지 않고 엑셀로 19×19 표를 만들고 거기에 바둑돌 대신 O와 X를 그려 넣어도 된다.

상대의 돌을 자신의 돌로 포위하면 빼앗을 수 있다는 '관계'만 지켜진다면, 어떤 도구를 사용하든지 바둑이라는 게임은 가능하다. 물론 엑셀에서는 전혀 풍미가 없는 게임이 되어버리긴 하겠지만, 바둑의 본질은 바둑판이나 바둑돌과 같은 바둑의 도구에 있는 것이 아니다. 바둑의 본질을 "바둑"으로 표현하도록 하자. 바둑판과 바둑돌은 "바둑"을 부호화하고 가시화하기 위해서 있다. "바둑"도 유령과 같은 존재며, 바둑은 눈에 보이는 그것의 그림자다.

장기든 체스든 바둑과 마찬가지지만, 하나하나의 말이 달리 움직이기 때문에 관계체계면에서 바둑보다는 약간 이해하기 어렵다.

그래도 장기나 체스도 모두 디지털게임으로 만들어져 있기에 관계체계를 이루고 있음을 알 수 있다. 왜냐하면 그것은 장기 및 체스의 규칙과 그 규칙 아래에서 게임의 진행이 모두 '0'과 '1'이라는 부호로 치환될 수 있음을 의미하기 때문이다.

장기나 체스의 도구는 "장기"나 "체스"를 가시화한 것이지만, 그것들이 '0'과 '1'이라는 부호로 치환될 수 있다는 사실은 이들 게임이 관계체계를 이루고 있음을 증명하고 있다. 그리고 내 용어법으로 말하자면, 관계체계는 '정보시스템'이다.

개별 감각질과 정보의 이원론은 흔한 일인가?

존 로크가 말한 일차 성질에 정확히 해당하는 것이 '관계'뿐이라고 한다면, 물질(과 에너지)의 정체는 "정보"가 된다.

보통 정보는 물질이나 에너지가 아닌 것으로 자리매김된다. 그렇지만 물질이나 에너지는 개별 감각질(퀄리아)을 제거해버리면 모두 "정보"며, "정보"를 전달하거나 기록하기 위해 부호화한 것이 일반적으로 발하는 정보다.

다시 말해서 물 자체는 "정보"며, 물리 세계의 전체는 "정보시스템"이다. 다만 "정보"는 개별 감각질(퀄리아)과 상호보완적이다. "정보"는 우리들이 지각하는 물질에서 개별 감각질을 제거해버린 뒤에 남는 것이므로, 이 세계에서 개별 감각질이 아닌 것은 "정보"며 "정보"기 아닌 것은 개별 감각질이다.

결국 나의 세계관은 '개별 감각질과 정보의 이원론'이다. 이러한 생각은 특수한 것일가?

세계를 '관계'로 보는 철학이 완전히 진귀한 것은 아니다. 예를 들어 1960년대에 프랑스를 중심으로 '구조주의'라는 사상적 조류가 생겨났다. 이 때 '구조'는 정확히 요소간의 관계성을 의미한다.

1930년대 프랑스에 '부르바키Bourbaki'[114]라는 비밀결사적인 수학

114　역주-1930년대 프랑스에서 생긴 소장 수학자 집단의 펜네임이다. 공리에 기초해서 구조를 분석한다는 구조주의의 방법은 수학에 큰 영향을 미쳤다. 부르바키는 이 구조주의에 기초해 10부문 60개 이상의 장으로 이루어진 『수학원론』을 집필해, 대규모적인 수학의 기초 이론을 재구축하기 위해 노력했다. 초기 활동에는 베이유A. Weil, 카흐탕H. Cartan, 슈발레C. Chevalley 등이, 그리고 중기에는 세흐J.-P. Serre, 그로떵디끄A. Grothendieck 등의 참여가 있어서, 당시 세계 수학계에 큰 영향을 주었다.

자 집단이 있었는데, 이들은 대수 구조, 순서 구조, 위상 구조라는 세 가지 구조 아래서 수학을 형식화하려고 했다.

그 영향을 받아서, 예컨대 프랑스의 문화인류학자 클로드 레비-스트로스는 1949년 『친족의 기본 구조』에서 미개 사회의 혼인규칙을 수학의 '군론群論/group theory'을 사용해 구조적으로 분석했다.

이로부터 점차 프랑스의 구조주의 사상이 전개되어갔는데, 철학자 루이 알튀세르Louis Pierre Althusser[115]가 마르크스의 영향을 받아서 사회를 대상으로, 그리고 정신과 의사 자크 라캉Jacques-Marie-Emile La-can[116]이 프로이트의 영향을 받아서 무의식을 대상으로 각각 구조주의적 분석을 하였다.

이처럼 구조주의자가 대상으로 삼은 것은 사회와 인간의 무의식이다. 나는 그것이 아니라 물리 세계야말로 관계체계를 이루고 있다고 말하고 싶다.

세계를 정보로 파악하는 사물에 대한 견해도 드물지 않다. 철학적

---

115 역주-루이 피에르 알튀세르(1918~1990)는 프랑스의 마르크스주의 철학자인데, 그의 저서 『마르크스를 위하여』, 『자본을 읽다』에서 마르크스 저작을 경제 결정론, 헤겔의 역사주의, 실존주의 등 당시 마르크스주의 연구의 외부적 요소를 제거하고 원 저작의 텍스트 '구조'에 따라 읽을 것을 제안했다. 이 결과 마르크스의 후기 저작이 과학적 인식을 확립했다고 하는데, 이 단계에서 마르크스는 사회와 역사를 경제, 정치, 이데올로기 등 여러 심급의 '구조'가 접합하고 상호 연관되는 전체로서 '중층 결정'의 시스템을 형성했다고 주장했다.

116 역주-자크-마리-에밀 라캉(1901~1981)은 프랑스의 철학자이자 정신과 의사, 정신분석학자다. 프랑스의 구조주의, 포스트구조주의 사상의 영향을 받아, 프로이트의 정신분석학을 구조주의적으로 발전시켜 파리 프로이트파를 이끌었다.

좀비를 제창했던 찰머스David John Chalmers는 세계의 궁극적인 실재가 '정보'라고 하고, 그러한 '정보세계'의 두 측면이 '물리 세계'와 '퀼리아 세계(현상 세계)'라고 했다.

나의 가설은 이것과도 다른데, 물리 세계야말로 "정보시스템"이라는 것이다. 이 세계에는 "정보"와 개별 감각질(퀼리아)밖에 없다는 이원론이다. 그리고 이 이원론은 어디까지나 로크에 대한 버클리의 비판을 다시 재구성함(혹은 그와 비슷한 사고 과정을 거친다)으로써 얻어질 수 있었다.

SF작가 필립 K. 딕Philip Kindred Dick[117]의 작품 『발리스Valis』에는

우주는 정보인데 우리는 그 안에 정지하고 있기 때문에, 3차원 안에도, 공간 속에도, 시간 속에도 존재하지 않는다. 우리는 보내져 들어온 정보를 현상계에 실재화한다(딕 『발리스』).[118]

라는 말이 나온다. '현상'을 개별 감각질로 해석하면 나의 생각과 완전히 일치한다. 다만 내 생각을 보다 정확하게 말하자면, 몸이나 뇌도 "정

117　역주-필립 킨드레드 딕(1928~1982)은 미국의 SF 작가인데, 그의 소설은 사회학적, 정치학적, 형이상학적 주제를 탐구하면서, 독점기업과 독재적인 정부, 그리고 비정상적 의식 상태가 자주 등장한다. 그는 작품을 통해서 "나는 내가 사랑하는 사람들을 현실의 세계가 아니라, 내 마음이 짠 허구의 세계에 두고 묘사하고자 한다. 왜냐하면 현실 세계는 내 기준을 충족시키고 있지 않기 때문이다. 나는 작품에서 우주를 의심하기조차 한다. 나는 그것이 진짜인지 가짜인지 강하게 의심하며, 우리 모두도 진짜인지를 강하게 의심한다"는 입장을 견지해, 그 자신을 '허구화하는 철학자fictionalizing philosopher'라고 부르기도 했다.

118　저자주 32-フィリップ·K·ディック著. 山形浩生訳. 『ヴァリス』. 早川書房.

보”며, 뇌의 상태에 따른 개별 감각질(퀄리아)이 의식 안에 생기는 것이다.

『발리스』의 영향을 받았을법한 애니메이션《스즈미야 하루히의 우울*The Melancholy of Haruhi Suzumiya*》(원작은 라이트 노벨[119])에는,

> 정보통합사고체. 그것은 은하계, 그뿐 아니라 우주 전체까지 펼쳐지는 정보계의 바다에서 발생한 육체를 갖지 않는 초고도의 지성을 가지는 정보 생명체다.

는 대사가 나온다. 나는 픽션에서 흔히 나오는 이런 정보적인 세계관이 현실에서도 타당성이 있다고 생각한다.

하지만 그것은 버클리의 로크 비판을 다시 재구성하는 과정을 거쳐, 개별 감각질(퀄리아)과 “정보”를 상호보완적으로 파악하지 않는다면, SF나 애니메이션의 소재 정도에 머물 것이다.

3. 퀄리아, 뇌, 자유의지

물리학과 물리 세계

이런 철학적 담론이 AI와 도대체 무슨 관계가 있냐고 의아해 하는 독자가 있을지 모르므로, 이제 AI 이야기로 되돌아가보자.

현실의 물리 세계가 “정보시스템”이라는 사실은 반드시 그것이 ‘0’과 ‘1’로 부호화해서 표현할 수 있음을 의미하지는 않는다. ‘0’과 ‘1’로

119　역주-일본어 조어로 light+novel. 10대~20대 독자를 겨냥한 오락성이 높은 소설로 회화문의 가벼운 소설을 가리킨다.

부호화할 수 있는 것은 "정보시스템"이지만 그 역이 반드시 성립하는 것은 아니다. "정보시스템"이라 해도, '0'과 '1'로 부호화할 수 없는 부분이 있을 수 있다.

하지만 이 물리 세계는 컴퓨터로 물리 시뮬레이션이 가능해지고 있다는 사실에서 알 수 있듯이, '0'과 '1'로 어느 정도 부호화할 수는 있다.

보증은 없으나, 수학적으로 이산離散인지 연속連續인지 차이가 있을지라도 아마 모든 물리 세계는 잠재적으로 부호화할 수 있을 것으로 나는 생각한다. 실제로 인간의 손으로 가능할지 여부는 제쳐두고 말이다.

혹은 또 이 물리 세계는 어느 정도 물리학에 의해 수식으로 표현할 수 있다. 달리 표현하자면 물리 세계라는 "정보시스템"을 수식으로 부호화하고 정보(전달 가능한 형태)로 만들어낸 것이 '물리학'이다.

수학 역시 관계체계고, 수식은 그것을 표현하기 위한 부호다. 수학이 관계체계인 것처럼 물리 세계 또한 관계체계다. 그렇지만 물리 세계를 수식으로 완전하게 서술할 수 있을지 여부는 알 수 없다.

지금의 물리학이 완전히 옳다는 보장이 없으며, 사실 지금도 물리학은 계속 수정되어 가고 있다. 그런 의미에서 물 자체는 완전히 알 수 없다고도 말할 수 있다. 하지만 물 자체가 "정보"고 물리 세계가 "정보시스템"이라는 가설은 앞으로도 뒤집힐 것 같지는 않다.

물리학은 계속 발전할 것이고 물리 세계에 관한 기술은 보다 정밀해져갈 것이다. 그리고 컴퓨터 스펙의 진보와 함께 컴퓨터상의 물리 시뮬레이션의 정밀도도 향상해갈 것이고, 거기에 기초를 둔 VR은 거의 현실 세계와 구별할 수 없을 정도까지 발전할 것이다.

그와 마찬가지로, 뇌를 모방한 컴퓨터상의 시뮬레이션도 진짜 뇌의 활동과 구별되지 않을 정도로 발전할 가능성이 있다. 뇌를 포함해 모든 물질(이나 에너지)은 모두 "정보시스템"의 일부다. 따라서 잠재적으로는 뇌 기능도 모두 '0'과 '1'로 부호화할 수 있을 것으로 생각된다.

요컨대 이는 인간 수준의 AI를 구축하는 것이 원리적으로 가능함을 의미한다. 하지만 그것은 동시에 AI가 개별 감각질(퀄리아)을 형성하지 않음을 의미한다.

왜냐하면 개별 감각질은 이 세계에서 유일하게 "정보"가 아니며, "정보시스템" 밖에 있기 때문이다.

생명은 퀄리아를 갖고 있지만 AI는 그렇지 않다. AI는 개별 감각질을 갖는 그 무언가로서 의식을 가질 수 없다. 그러나 그것은 지성면에서 생명이 우위성을 가짐을 의미하지 않는다. 개별 감각질은 아무런 기능도 없기 때문이다. 이하에서는 다시 심신心身 문제와 자유의지에 대해 생각해보자.

뇌의 어디에 정신이 있는가?

알다시피 데카르트는 세계를 정신과 물체로 나누고 정신의 '자유의지'를 긍정했다. 이 경우의 '자유의지'란 물리 법칙에 따르지 않는 인간의 의지를 의미한다.

데카르트에 따르면 인간의 뇌 속에 있는 '송과선松科腺/골윗샘'[120]이라는 기관이 정신과 물리 세계 사이를 연결하고 있다. 송과선은 인간에게만 존재하며, 인간만이 정신을 가질 수 있다. 그리고 정신은 물체가 아니므로, 물리 법칙에 지배되지 않고 사고하고 자유롭게 의사결정을 할 수 있다. 한편 동물은 정신을 갖고 있지 않기 때문에 기계적이며, 또한 물리 세계는 기계적으로 움직이고 있다.

지금의 과학적 상식으로 볼 때, 송과선은 멜라토닌이라는 호르몬을

120　역주-골윗샘으로 대뇌반구 사이의 세 번째 뇌실의 후반부에 있는 솔방울 모양의 내분비 기관을 가리킨다.

분비하는 역할을 할 뿐 철학적인 의미가 있는 것은 아니다. 인간의 독점물도 아니며, 다른 척추동물의 뇌 안에서도 볼 수 있는 흔한 기관일 뿐이다.

그렇지만 송과선이 연결계의 기능을 수행하는지 여부는 중요한 문제가 아니다. 심신에 관한 데카르트 주장의 핵심을 추출하면 〈그림 7-1〉과 같다(물론 데카르트가 퀄리아라는 말을 사용한 것은 아니다).

요컨대 물리 세계에서 유리된 정신 속에서 현상, 즉 개별 감각질(퀄리아)이 생길 뿐만 아니라, 사고나 의사결정이 이루어지고 있다는 점이 중요하다. 정신이 물리 세계에 작용하고 물리 세계도 정신에 영향을 주므로, 심신 문제에 관한 이런 주장은 '상호작용설'로 불린다. '상호작용설'에 의하면 정신은 물리 법칙에 따르지 않는다.

이것은 의외로 우리들의 일상적인 마음에 대한 이해방식에 가깝다. 예를 들면 사람이 살인을 저질렀을 때, 물리 법칙에 따랐을 뿐이니까 범인에게 책임이 없다고 생각할 수는 없으며, 살인을 전혀 책망하지

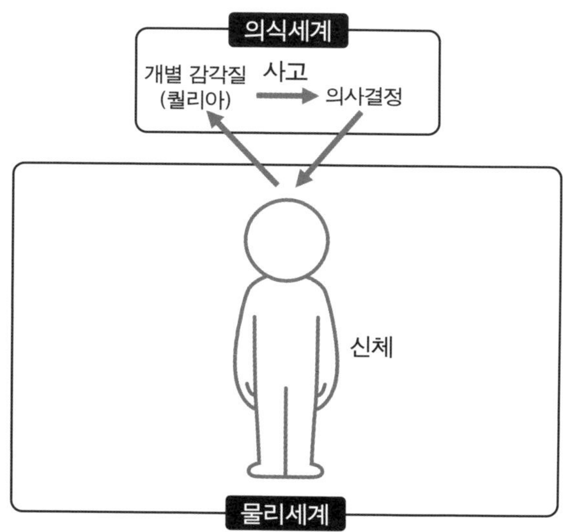

그림 7-1   데카르트 심신론의 핵심

못할 이유도 없다.

그러나 과학의 발전은 물리 세계에서 유리된 정신의 영역을 한없이 좁혀가고 있고, 이제는 사고나 의사결정도 물리 법칙에 따르지 않는다고 생각하기 어렵게 되었다. 뇌의 인공신경망이 사고나 의사결정을 만들어낸다면, 사고 또한 물리 법칙에 따르는 셈이다.

혹은 인공신경망에 의해서 모두 설명이 가능하지 않다고 해도, 뇌의 물질적인 활동이 정신적인 활동을 결정짓는다고 생각한다면, 우리들은 물리 법칙을 거스를 수 없게 된다.

영국의 물리학자 로저 펜로즈Sir Roger Penrose는 뇌의 정보처리에 양자역학이 깊이 관여하고 있다고 주장했는데, 그러한 점에서 물리 법칙에 따르고 있는 것만은 틀림없다(제5장에서 설명했듯이 물리 법칙의 수준까지 내려갈 필요도 없으며, 논리적으로 보아 자유의지는 있을 수 없는 것이지만).

의식의 수반설

그렇다면 〈그림 7-2〉에 있듯이, 사고나 의사결정은 물리 세계에 속해 있고, 단지 개별 감각질을 발생시키는 의식만이 물리 세계에서 유리된다. 그리고 의식은 물리 세계의 결정에 관여할 수 없다.

이런 생각을 '수반 현상설隨伴現象說/epiphomenalism'이라 부른다. 물리 세계만으로 인과관계는 닫혀 있고, 의식은 물리 세계에 영향을 미치지 못하며, 오직 뇌의 물리적 상태에 따라 개별 감각질을 생성시킬 뿐이라는 주장이다.

18세기 프랑스 철학자 라 메트리Julien Offray de La Mettrie[121]의 『인

121　역주-줄리앙 오프레 드 라 메트리(1709~1751)는 프랑스의 철학자이자 의사로, 계몽사상기 프랑스의 대표적 유물론자다. 37세에 쓴 『인간기계

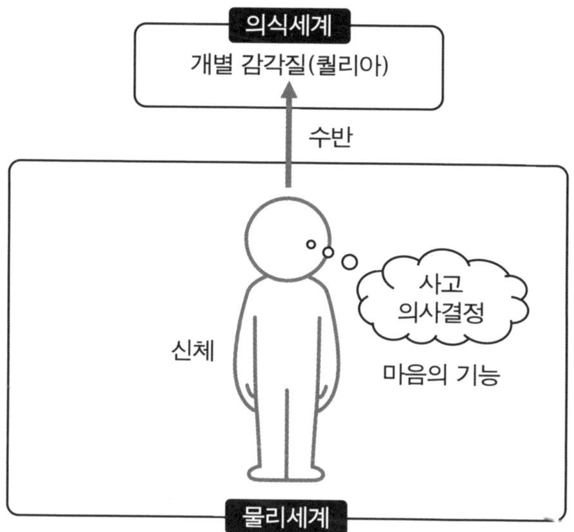

그림 7-2   수반 현상설

간기계론』에서 이 설의 맹아를 발견할 수 있다. 최근 일본에서는 시스템 디자인 연구자인 마에노 다카시前野隆司 교수[122]가 '수동 의식受動意識 가설'이라는 알기 쉬운 명칭으로 수반 현상설을 주장하고 있다.

여기서 하나 더 강조하고 싶은 것은 수반 현상설에 따르면, 퀄리아에는 아무런 기능이 없다는 것이다. 마음은 '현상 면'과 '기능 면'으로 나누어 생각해볼 수 있는데, 현상 면의 마음, 즉 개별 감각질(퀄리아)은 의식 세계에 속하고, 기능 면의 마음은 물리 세계에 속해 있다. 개별 감

론』을 통해 그는 영혼의 존재를 부정하고 데카르트의 동물기계설을 인간에게도 적용하여 기계론적인 생명관을 제창했다. 가령 다리가 걷는 근육이듯이, 뇌는 생각하는 근육이라고 주장했다.

122   역주-마에노 다카시(1962~)는 게이오대학 대학원 시스템 디자인 매니지먼트 연구과 교수로 『뇌는 왜 '마음'을 만들었는가? '나'의 수수께기를 푸는 수동 의식 가설』(2004) 등을 출판하였다.

각질은 물리 세계에 대한 영향을 미치지 않기 때문에 아무런 역할이나 기능을 갖지 않는다.

생명은 퀼리아를 갖지만, 기계는 퀼리아를 갖지 않는다. 그러나 퀼리아에는 기능이 없기 때문에, 생명이 퀼리아를 가졌다고 해도 기계가 할 수 없는 활동을 할 수 있는 것은 아니다.

예를 들어 아픔의 개별 감각질은 생존을 위협하는 위험을 회피하기 위해 있는 것이 아니다. 퀼리아는 아무 기능도 없으므로, 위험을 회피하려는 기능도 없다. 우리들은 개별 감각질을 갖지 않는다고 해도(즉 철학적 좀비였다고 할지라도) 바늘로 찔리면 아프다고 하면서 울거나, 식칼을 든 강도를 보면 도망칠 것이다.

이상할지 몰라도 뇌과학의 진전은 수반 현상설을 더욱 뒷받침해주고 있는데, 수반 현상설은 애당초 개별 감각질에 기능이 없다는 사상이다.

나도 현재 수반 현상설을 지지하고 있지만 일말의 위화감은 사라지지 않고 있다. 뇌의 상태에 따라 개별 감각질이 생긴다면, 뇌가 발생한 뒤 생명의 진화과정에서 개별 감각질이라는 의식 세계가 갑자기 나타난 셈이다.

이 세계에는 애초에 물리 세계밖에 없었는데도, 별안간 물리 세계와는 다른 의식 세계가 탄생한 것이다. 이 의식의 탄생에 대해서 '왜', '어떻게 하여'라는 물음을 한다면 이에 대답하기가 거의 불가능하다.

또한 사고가 물리 세계에 속함에도 불구하고 우리들이 개별 감각질(퀼리아)이라는 의식 세계에 대해 사고할 수 있다는 것도 기이한 일이다. 찰머스도 비슷한 말을 하고 있는데, 철학적 좀비는 개별 감각질을 갖고 있지는 않지만 개별 감각질에 대해 얘기할 수는 있다.

이처럼 퀼리아는 신비로운데, 그 신비성은 과학이 아무리 발달해도 사라지지 않을 것이다. 왜냐하면 과학은 관계체계만 다룰 수 있기 때문

이다. 물리 세계는 관계체계인데, 개별 감각질(퀄리아)은 관계체계가 아
니다. 과학이 직접 퀄리아를 대상으로 삼을 수는 없는 것이다.

어쨌든 만일 AI가 생명체와 달리 퀄리아를 가질 수 없다고 해도, 퀄
리아에는 기능이 없기 때문에 AI가 생명체인 인간과 같은 지적 활동을
할 수 없을 것으로 보아서는 안된다. 기능이나 지적 활동의 모든 것은
의식 세계가 아니라 물리 세계에 속해 있고, "정보시스템"의 일부를 이
루고 있다.

4. AI에게 아픔과 감정

의식은 뇌의 물질성에 기반하고 있다

뇌가 없는 생명이나 암석, 에어컨은 개별 감각질(퀄리아)을 갖지 않을
것이다. 만약 암석이 퀄리아를 가지고 있다면 내 손이 퀄리아를 가져
도 이상하지 않다.

하지만 아픔의 개별 감각질이 발생하는 곳은 꼬집힌 손 등이 아니
라 뇌임을 알고 있다. 따라서 단언은 할 수 없지만, 뇌가 없으면 개별
감각질이 생기지 않는다고 보아야 한다.

AI가 개별 감각질(퀄리아)을 가질지 여부는 '신체 본성론'과 '패턴
본성론' 중 어느 것을 택하느냐에 따라 달라진다. 제3장에서 이미 소
개한 것처럼, 전자는 인간의 의식이 신체의 물질성에 의거하고 있다는
입장이고, 후자는 '패턴'에 의해 생긴다는 입장이다.

신체 본성론에 근거하면, 마인드의 업로딩이 불가능하다고 제3장에
서 말했다. 그와 동시에 인간 신경계의 네트워크 구조와 마찬가지로 패
턴이 소프트웨어로 존재한다 해도, 그 소프트웨어는 의식을 갖지 않고

퀄리아를 발생시키지 않게 된다(엄밀하게 말하자면 소프트웨어가 퀄리아를 느끼게 할 수는 있지만, 업로딩하는 것은 불가능하다는 입장도 있을 수 있다).

패턴 본성론에 따르면 인간 신경계의 네트워크 구조와 같은 패턴이 소프트웨어로 존재하고 있다면, 그것은 인간과 마찬가지로 의식을 갖게 될 것이며 퀄리아를 발생시키게 될 것이다.

퀄리아의 주관적 개별성 때문에 신체 본성론과 패턴 본성론 중 어느 쪽이 옳은지 과학적으로 따져볼 방법은 없다. 하지만 나는 신체 본성론이 대체로 옳을 것이라고 생각한다.

패턴 본성론이 잘못된 것은 물리 세계가 "정보시스템"이고 퀄리아와는 양립하기 어렵기 때문이다. 그런 물리 세계에 있는 물질을 인간이 어떻게 변형하려 하든 개별 감각질(퀄리아)이 발생하지 않는다는 것이다. AI가 작동하는 하드웨어인 컴퓨터도 물리 세계의 물질일 뿐이다.

다만 생명이 진화하는 어딘가의 과정에서 물리 세계와 다른 의식 세계가 출현했다는 기적적인 사실을 인정할 수밖에 없는 이상, 패턴 본성론이 완전히 틀렸고 신체 본성론만이 완전히 맞다고도 할 수 없다.

그렇기는 하나 신체 본성론이 패턴 본성론보다는 훨씬 우위 있는 것 같다. 다음에는 신체 본성론이 옳다는 것을 가정해서 AI의 의식에 관한 논의를 조금만 더 해보겠다.

로봇을 냅다 걷어차는 것의 의미

신체 본성론에 따르면 AI나 로봇은 원리적으로 의식을 갖지 않으며 아픔을 느끼지도 못한다. 로봇을 걷어차는 것이 바람직한 일은 아니지만, 그것은 인간이나 개를 차는 것과는 다른 의미를 갖는다.

아무리 로봇이 고민하는 표정을 지으며 울부짖는다 해도, 로봇은 철학적 좀비와 마찬가지로 아픔을 느낄 수 없다. 그렇지만 그런 로봇이 냅다 걷어차이는 광경을 본 사람이 더 상처받을 수 있기 때문에, 로봇 폭행은 바람직하지 않으며 미래에는 법률로 금지될 수도 있다.

현재 개와 고양이와 같은 반려동물에 대한 폭행이 금지된 것도 이로 인해 인간이 마음의 상처를 입을 수 있다는 인간중심주의적인 사고방식에 근거하고 있다. 그러므로 사람들의 눈에 보이지 않는 곳에서 식육용으로 소나 돼지를 도살하는 것은 허용되고 있다.

하지만 로봇과 달리, 소나 돼지, 개, 고양이는 대체로 아픔의 퀄리아를 갖고 있다. 다른 사람이 퀄리아를 갖고 있는지 확인할 방법이 없는 것과 마찬가지로 그것도 확인할 방법이 없다.

그렇지만 뇌가 있는 한 개별 감각질(퀄리아)을 가질 것이라고 추측할 수는 있다. 따라서 로봇을 걷어차는 행위는 개나 고양이를 걷어차는 것과 같은 종류의 행동이 아니다.

로봇은 인간이나 개와 동렬이 아니다

피터 싱어Peter Singer[123]라는 호주 출신의 미국 철학자는 그의 저서『동물의 해방』에서 괴로움을 느낄 수 있는 존재는 사람이 아니더라도 그 괴로움을 고려해야 한다고 주장하였다.

싱어는 동물 실험과 축산에 반대하고 채식주의자이기도 하다. 앞장에서 보았던『로봇 병사의 전쟁』을 저술한 피터 워렌 싱어와는 전혀 다른 사람이므로 주의하기 바란다.

나는 동물의 고통을 고려해야 한다는 싱어의 주장을 절반은 지지하

123　역주-피터 싱어(1946~)는 호주 출신의 철학자, 윤리학자로 미국 프린스턴대학 교수다. 공리주의 입장에서 윤리의 문제를 탐구하는데, 그의 저서 『동물의 해방』은 동물의 권리와 채식주의 사상적 근거로 널리 쓰이고 있다.

고 있다. 아픔의 개별 감각질(퀄리아)을 느낄 수 있는 존재에게 아픔을 주어서는 안된다는 도덕률은 완전히 올바르다. 그러나 동시에 나는 육식을 멈추지 못하고 있으며, 자신이 비도덕적인 인간임을 인정한다. 일종의 커밍아웃이다.

게다가 싱어의 사상을 하나하나 짚어가면, 하나의 큰 딜레마가 나타난다. 싱어는『실천의 윤리』에서 세계의 가난한 사람들이 굶어죽도록 방치하는 것은 죽이는 것과 마찬가지로 죄가 된다고 주장한다.

싱어의 이러한 빈곤론과 동물 해방론을 연결하면, 사바나에서 얼룩말을 공격하는 사자에 대해서도 인간은 이를 멈추도록 하기 위해 개입해야만 할 것이다. 아픔을 느낄 수 있는 존재인 얼룩말이 아픔을 느끼면서 죽는 것을 방치하는 것은 죄가 아닌가 하는 것이다.

하지만 사자가 포식을 중단하면 이번엔 사자가 굶어죽는다.

우리들이 사자의 포식을 중지시켜야 할지, 이것은 싱어의 사상으로는 해결 불가능한 문제가 아닐까 한다. 게다가 사자의 포식을 인정하면서도 인간의 육식을 인정하지 않는다면 사리에 맞지 않는다.

비록 이야기가 옆길로 새긴 했지만 로봇을 인간이나 개와 동렬인 것으로 파악해서는 안되며, 더구나 로봇이 인간과 같은 인권을 가져야 한다는 생각에 지금의 나로서는 찬동할 수 없다.

예전에 백인이 흑인에게 인권을 부여하지 않았지만 지금은 주어져 있다. 따라서 미래 로봇에게도 마찬가지로 인권이 주어지게 될 것이며, 당연히 주어야 할 것이라고 생각하는 사람도 적지 않다.

그러나 인간에게 아픔의 개별 감각질(퀄리아)이 있다는 것은 일반적으로 인정되고 있으므로, 어떤 인종의 사람에게도 인권이 주어지는 것은 당연하다. 반면 공학적 방법으로 퀄리아를 갖춘 로봇은 기본적으로 만들 수 없을 것으로 나는 생각한다.

그렇다면 로봇보다 개와 고양이에게 동물권을 우선 인정해주는 것이 필요하지 않을까 한다. 퀄리아에 관한 논의와 싱어의 사상에서 도출되는 바는 이점이다.

AI는 감정을 가질 수 있는가?

AI가 감정을 가진다는 상황 설정은 애니메이션이나 영화의 소재로 여러 번 등장했다. AI는 감정을 갖게 될 것인가?

감정에는 기능적인 면과 현상적인 면이 있다. 예를 들면 '바보'라고 매도당한 사람이 부르르 떨면서, "바보라고 하지마!"라고 고함치는 것은 화남의 기능적인 면이다. 그에 비해 화났다는 퀄리아는 화남의 현상적인 면이다.

기능적인 면에서는 기술진보에 따라 얼마든지 AI를 인간에 가깝게 만들 수 있을 것이다. 지금도 페퍼Pepper[124]는 인간의 뇌 호르몬의 역할을 본뜬 감정기능을 갖고 있다.

욕망도 감정과 마찬가지로 생각할 수 있다. 욕망에도 기능면과 현상면이 있어서 기능면의 욕망을 AI 로봇에 탑재하는 것은 그리 어렵지 않다. 그것은 이미 앞 장에서 살펴본 바와 같다.

그러나 갈망과 같은 퀄리아를 AI에 탑재시키는 것은 불가능하다. 페퍼가 아무리 진화해도 갈망을 가질 수는 없다. 그런데 그것은 로봇이 가진 기능과는 관계가 없다.

그러므로 "생명에는 욕망이 있지만 기계에는 욕망이 없기 때문에, 생명처럼 활동할 수 있는 기계는 존재하기 어렵다"고 생각할 수는 없다.

124　역주-페퍼는 감정을 인식하는 휴머노이드 로봇으로, 일본 기업 소프트뱅크가 개발, 판매하고 있다. 내부에 '감정 엔진'과 '크라우드 AI'를 탑재한 세계 최초의 감정인식 로봇으로 지칭된다.

인간 수준의 AI가 만들어질 수 있을지는, 간단히 말해 인간이 자신의 뇌와 마음의 활동을 완전히 해명할 수 있는지 여부에 달려 있다. 언제 해명이 종착에 이를지는 알 수 없지만 해명이 불가능하다고는 할 수 없을 것이다.

맺음말

스위스의 핵 피난처의 주민 보급률은 거의 100%이고, 미국이나 러시아는 약 80%다. 그에 비해 지금 한국과 함께 세계에서 가장 핵 공격의 위기에 처하기 쉬운 일본의 보급율은 불과 0.02%다.

이것은 아마도 일본인이 최악의 사태를 가정하는 것이 서툴고, 삶에 대한 집착이 없으며 여차하면 깨끗이 죽으면 된다고 생각하는 데 기인한다.

개인으로서는 낙천적인 사람이나 배짱이 두둑한 사람이 좋다. 하지만 국가의 위기관리체제에 대해서는 서투르다고 말할 수밖에 없다. 국민의 생명을 지키기 위해 위기에 대비하는 국가로서 당연한 임무를 수행하지 못하고 있는 것이다.

북한과 같은 외국이 일본에 핵공격을 가할 가능성은 매우 낮다. 그렇기는 하나 심각한 영향을 미칠 수 있는 사태는 발생 확률이 매우 낮더라도 대비를 게을리 해서는 안된다.

AI에 관해서도 동일한 이야기를 할 수 있다. 일본에서 출판되고 있는 AI의 위협에 관한 책들은 『기계와의 경쟁』, 『로봇의 위협』, 『인공지

능: 인류 최악, 최후의 발명』 등 대부분이 서양 사람이 쓴 저서를 번역한 것으로, 일본인이 쓴 것은 지극히 드물다.

서양에는 커즈와일과 같이 AI에 대한 긍정적 주장을 펴는 낙관론자들이 있는가 하면, 스티븐 호킹이나 일론 머스크와 같이 AI 위협론을 주장하는 비관론자도 있다.

하지만 지식인에 한정해 볼 때 일본에는 낙관론자들만 있어서 현저하게 불균형적이다. 지식인이란 말은 현재 사어死語에 가깝지만, 대학 교수나 연구자, 관료 등 책을 출판하거나 신문이나 잡지에 칼럼을 쓰는 영향력 있는 사람들이라는 의미로 이해하면 좋겠다.

그들은 한결같이 AI와의 공존과 상생, 협동을 말한다. "최근 AI가 고용을 빼앗을 것이라든지, AI가 반란을 일으킬 것이라고 하는 등의 말들이 유행하고는 있지만, 나는 AI와 인간이 공존하는 관계라고 생각한다"와 같은 상투적 표현이 나돌고 있다.

모두가 한 목소리로 뭉쳐 '공존'이라는 단어를 사용하는 것에 나는 강한 거리감을 느낀다. 예를 들어 많은 사람들이 '원자력과 인간의 공존'과 같은 캐치 카피에 대해 후쿠시마 원전사태 이전이었더라면 아무렇지 않게 생각했겠지만, 그 이후에는 이에 대해 적지 않은 역겨움을 느꼈을 것이다. 그런데 그 역겨움도 지금은 없어지려 하고 있다.

일본에는 부정적인 것은 듣지 않으려 하고 듣기 좋은 것만 들으려 하는 풍조가 만연하고 있는데, 그 풍조에서 지식인도 예외는 아니다.

AI 연구자나 AI에 연관된 사업가들이 AI를 긍정적으로 바라보는 것은 극히 자연스러운 일로, 그것을 새삼스레 비판할 생각은 없다. 그러나 적어도 인문사회 계열의 지식인들은 AI가 가져올 위기를 눈여겨봐야 할 것이며, '공존'이라는 단어를 유포하는 것을 삼가야 할 것이다.

지식인 가운데는 최악의 시나리오를 상정하는 사람이 언제나 있어야 한다. 그리고 그러한 시나리오가 사람들 사이에서 어느 정도 공유되어야 한다. 지난 [세계]대전에 앞서서 그 비참함이 미리 국민들 사이에 공유되었더라면, 개전이 회피되었을 수도 있다.

이 책은 '서문'에서 말한 것처럼, 향후의 비즈니스나 투자를 생각할 때 재료를 제공한다. 그밖에도 AI에 대한 비관적 미래도를 그릴 때 참고가 될 수 있다는 점에서 실용적 가치를 갖고 있다.

그 이유는 현재 AI 기술의 연장선상에서는 인간을 넘어서기가 어렵지만, AI가 적어도 인간수준의 지성을 갖거나 인간이 부여한 것보다 많은 욕망을 갖는 것이 원리적으로 불가능하지는 않기 때문이다.

기능면에서 보면 인간의 마음, 즉 뇌는 복잡한 튜링 기계에 불과하다. 인간은 개별 감각질(퀄리아)을 생성시키는 의식을 가지고 있고, 그 때문에 기계와는 다르다.

하지만 의식은 물리 세계의 밖에 있고, 또 뇌에 수반하고 있을 뿐으로 아무 기능도 갖지 않는다. 따라서 기계에는 없는 의식을 인간이 갖고 있다고 하여, 인간의 지적 우위성이 보장되지는 않는다.

그러나 실제로 인간 수준의 지성을 갖는 AI를 만들 수 있는지는 또 다른 문제다. AI는 어차피 인간이 만든 것이기에, 어떤 종류의 능력에서는 인간을 앞지를 수 없다고 생각할 수 있다. 그것은 사고에 대해 사고하는 능력, 즉 '메타사고력'이다.

확실히 인간이 AI를 설계하는 한, 인간은 AI의 메커니즘을 이해하고 있고, 메타의 위치에 서 있다. 하지만 인공신경망은 인간이 설계한 뒤에 기계학습을 함에 따라 자연적으로 성장한다.

게다가 심층강화학습과 같은 오늘날 기계학습의 기술은 게임과 같은 한정된 범위에서는 어느 정도 범용성을 갖게끔 되었다. 범용성이 있다는 것은 외계에서 얻은 정보에 근거하여 몇 가지 사고패턴을 만들어낼 수 있음을 의미한다.

이러한 사고패턴은 AI가 자연적으로 성장함으로써 얻어진 지성이며 인간의 설계를 반쯤 넘어선 지성이라고 할 수 있다.

그런 AI가 게임에서 빠져나와 물리적인 로봇에 장착되어서 눈, 손, 다리를 갖게 되면, 현실 세계에서 얻은 정보로부터 얼마든지 사고패턴을 만들어낼 수 있게 되어 살아 있는 지성에 훨씬 가까워질 것이다.

다만 그것만으로는 아직 인간과 동떨어져 있다. 인간은 메타사고력을 갖고 있기 때문에 사고대상을 뛰어넘는 사고력을 가질 수 있다. 이런 능력을 AI에게 갖도록 하는 것은 지금은 불가능하지만 원리적으로 불가능하지는 않다.

다른 한편으로 현재의 AI는 인간이 부여해준 욕망만을 갖는다. 하지만 보상계 자체를 인공신경망으로 구성해서 보상을 역동적으로 변화시킬 수 있다면, 인간이 부여해준 이상의 욕망을 가질 수 있다. 그렇게 되면 기계의 폭주나 반란과 같은 SF적인 위험이 현실적인 문제가 될 것이다.

AI가 영원히 인간의 노예로 있어 주지는 않을 것이며, 인간 자신 때문에 그 족쇄가 풀리는 날이 올 수 있다.

AI와 인간이 '공존'하는 것이 바람직하지만, '공존'할 수 없는 미래가 도래할 수도 있다. 그런 암흑 같은 미래그림들을 상상력 왕성하게 그려내고, 그 대책을 지금부터 준비해야 한다.

물론 내 걱정이 그저 기우에 그쳐, 100년 뒤에도 여전히 AI가 순종적으로 인간에게 봉사하고 있을지 모른다. 나 자신도 그럴 가능성이 높다고 예상하고 있지만, 부정적인 경우를 포함해 AI와 인간이 가야 할 미래에 대한 논의를 지금부터 할 필요가 있다.

이 책의 논의가 충분하지 않음은 말할 필요가 없으며, 비판이나 질책의 말을 기꺼이 받아들이겠다. 당연히 다뤄야 했지만 다루지 못한 논점도 있다.

그것은 설John Rogers Searle[125]의 '중국어의 방Chinese Room'[126]이나 '튜링테스트Turing test'[127] 등 AI에 관한 결정의 재료로부터, 마투라나 Humberto Romesin Maturana[128]와 발레라 가르시아Francisco Javier Varela Garcia[129]의 '자기 생산Autopoiesis'[130], 토노니Giulio Tononi[131]의 '통합정보 이론', 그리고 AI 연구자이자 철학자인 니시카와 아사키西川アサキ가 그의 저서 『혼과 몸, 뇌』에서 논한 '심신 문제와 중추의 발생'이라는 주제에 이르기까지 다방면에 걸쳐 있다.

125 역주-존 로저스 설(1932~)은 미국의 철학자로, 언어철학과 마음의 철학을 전공하고 있다.

126 역주-'중국어의 방'이란 철학자 존 설이 1980년에 〈뇌, 마음, 프로그램〉이라는 논문에서 발표한 사고실험으로, 중국어를 이해할 수 없는 사람을 작은 방에 가두고서 매뉴얼에 따라 작업을 시킨다는 내용이다. 이는 튜링테스트를 발전시킨 사고실험으로 의식의 문제를 생각하는 데 사용된다.

127 역주-앨런 튜링이 1950년 〈컴퓨팅기계와 지능〉이라는 논문에서 고안한 어느 기계가 지적인지, 즉 인공지능인지를 판정하는 테스트를 가리킨다.

128 역주-움베르토 로메신 마투라나(1928~)는 칠레의 생물학자이자 철학자로 인지생물학 영역에서 '자기생산' 개념을 제창했다.

129 역주-프란시스코 하비에르 발레라 가르시아(1946~2001)는 칠레의 생물학자이자 인지과학자로 마투라나와 더불어 '자기생산'이라는 개념을 제창했다.

130 역주-자기생산은 "생명의 유기적 구성organization이란 무엇인가"라는 본질적 질문을 확정하기 위해 제창된 첨단의 시스템론이다. 주관적 세계조차도 설명 가능한 시스템론이라 지칭되며, 생명의 자율성에 대한 언급이 불가능했던 이전의 시스템론의 한계에 도전한다.

131 역주-줄리오 토노니는 이탈리아 출신의 미국 정신과 의사이자 신경과학자며, 주요한 연구 분야는 의식과 수면이다.

만약 향후 AI에 관한 철학적 논의를 다시 할 기회가 주어진다면, 이들 주제에 대해서도 꼭 다루고 싶다.

실은 이 책의 내용에 크게 영향을 미친 책이 있는데, 그것은 비평가이자 사상가인 가라타니 고진柄谷行人[132]의 『은유로서의 건축』이다. 지적인 홍분과 긴장감으로 가득 찬 가라타니의 책을 아는 사람이라면 이 책 곳곳에서 그의 영향의 흔적을 발견할 수 있을 것이다.

이 책에서도 다루고 있는 괴델의 불완전성 정리와 알렉산더Christopher Wolfgang Alexander의 도시론을 나는 『은유로서의 건축』에서 처음 알았다. 그러나 이 책을 쓰면서 가라타니의 책을 직접 참조한 것은 아니다. 학창 시절 20번 정도 읽었으니 내용이 대충 기억에 남아 있다.

이 책을 쓰게 된 직접적인 계기가 된 책은 따로 있는데, 그것은 도쿄경제대학의 니시가키 도오루西垣通[133]교수가 쓴 『빅데이터와 인공지능』이다.

나의 이전 저작 『인공지능과 경제의 미래』와 거의 같은 시기(2016년 7월)에 출판된 이 책에서, 니시가키 교수는 범용AI에 대해 처음부터 끝까지 비판하고 있다. 범용AI가 나올 리 없고, 가능하다 해도 만들어서는 안 된다는 주장이다.

아주 알기 쉽고 정서적이며 재미있는 책이다. 범용AI가 2030년에 출현하는 것을 전제로 경제의 미래에 대해 논했던 내 책과는 대조적이

132　역주-가라타니 고진(1941~)은 일본의 철학자, 문예비평가로 본명은 가라타니 요시오善男다. 그는 '국가', '자본', '민족'과 구별되는 개념으로 '어소시에이션'이라는 개념을 강조하고 있는데, 2000년부터 2003년까지 New Associationist Movement를 주도했다.

133　역주-니시가키 도오루(1948~)는 일본의 정보학자로서 도쿄경제대학 교수이고 도쿄대학 대학원 정보학그룹 명예교수기도 하다.

었지만, 나는 감명을 받아 주위의 사람들에게 일독을 권하였다.

나는 AI 연구자가 아니기 때문에 범용AI가 머지않은 미래에 출현할 것이라고 별다른 주저 없이 예상하였다. 솔직히 니시가키 교수의 책을 읽고 찬성하는 점이 있다면 찬성하기 어려운 점도 있었다.

그렇게 해서 쓰게 된 이 책은 말하자면, 니시가키 교수의 『빅데이터와 인공지능』에 대한 답사答辭와 같은 것이다. 물론 니시가키 교수의 논의에 충분히 답하지 못했음에도 말이다.

어쨌든 앞의 책 두 권을 읽지 않았다면, 이 책을 전혀 쓸 수 없었거나 완전히 다른 모양새의 책을 썼을 것이다. 만나본 적이 없는 가라타니 씨와 졸저를 헌정한 답례를 정중히 엽서로 보내주신 니시가키 교수께 고마움의 마음을 드린다.

그리고 내가 원고 제출이 많이 늦어졌음에도 끈기 있게 기다려주신 담당 편집자에게도 고마움을 드린다.

그 밖에도 고마운 뜻을 전하고 싶은 사람들이 많이 있지만, 여기서는 이 책을 쓰기까지 직접 조언을 주신 분들에게 한정할 수밖에 없다. 그것은 다카하시 고이치高橋恒一 씨, 이쿠시마 다카히로生島高裕 씨, 사노 히토미佐野仁美 씨, 야마카와 히로시山川宏 씨, 시나가와 슌스케品川俊介 씨, 쓰즈키 에이지都築栄司 씨, 그리고 아사카와 신이치浅川伸一 선생님이다. 이 분들 모두에게도 고마움의 인사를 드린다.

초인공지능의 진화와 인간, 그리고 교육

이 책을 번역하기로 마음먹었던 계기는 2016년 3월 한국은 물론 전세계의 이목이 집중되었던 세기의 대결, 이세돌 9단과 바둑 인공지능(이하 AI)인 알파고의 대결로 까지 거슬러 올라간다. 당시 인공지능은 정치학자인 내게는 매우 낯선 개념이었고, 이세돌 9단의 다소 긴장한 인터뷰를 볼 때만해도 인간 최고 능력자를 절대로 컴퓨터 프로그램이 이길 수는 없다는 막연한 확신을 가지고 있었다. 그러나 결과는 놀랍게도 그 확신을 붕괴시켰으며, 이후 인공지능이 미칠 사회적 변화에 대해 관심을 가지고 연구를 시작하였다.

이 책은 그 과정에 만난 것으로서 이노우에 도모히로라는 AI 기술과 인문학, 철학에 깊이 있게 천착하고 있는 일본의 젊은 경제학자의 작품이다. 거시경제학과 기본소득, AI가 그의 주요한 연구분야로서 40대 중반의 나이지만, 탁월한 책들을 벌써 몇 권이나 썼다. 이 책의 한국어판 저자 서문에도 쓰여 있지만, 나는 지난 4월말에 그를 수원에서 만났다. 젊고 도전정신이 넘치는 학자였다. 그의 다른 책『헬리콥터머니』

를 번역하면서도 느낀 바지만, 그는 논리와 사례에 치밀할 뿐만 아니라, 인류의 삶의 방향에 대한 거시적인 문제설정을 과감하면서도 분명한 언어로 제시하기 위해 노력하는 사람이었다. 어찌 보면, 내가 아는 ‘일본적 학풍’과는 대단히 다른 학자인 것이다.

이 책 『초인공지능: 생명과 기계 사이에 있는 것』은 井上智洋. 2017. 『人工超知能: 生命と機械の間にあるもの』. 東京: 秀和システム 을 번역한 것이다. 지난 1월 방학기간 AI와 더불어 최근 화두인 4차 산업혁명에 대한 공부를 하던 중 이 책을 만났다. 그런데 책을 읽을수록 그 어떤 저서와 다른 묘한 매력에 이끌리게 되었다. AI 그 자체가 공학적 난해함으로 진입장벽이 높은 분야지만, 이 책은 AI의 현재 모습과 미래상을 일목요연하게 알 수 있도록 대단히 쉽게 쓰여 있었다. 게다가 이 책은 AI의 초기 문제의식과 역사를 기술적 측면에서뿐만 아니라 철학적 측면에서도 논리적이고 체계적으로 다루고 있다. 이러한 분석에 기초하여 미래 초AI로의 발전가능성에 대해서도 막연한 과장 혹은 과소평가가 아니라 논리적이고 체계적으로 설명을 제공해준다. 그리고 AI가 인간에게 던지는 질문들을 통해 AI가 야기할 문제점에 대해서도 잊지 않고 큰 비중을 할애하고 있다.

무엇보다 이 책은 AI가 인간의 본질로 여겨지는 ‘생각’, 즉 ‘지성’을 기술적으로 재구성해 실현하고자 한다는 점을 강조하고 있다. 때문에 AI 그 자체가 종래 ‘인간’의 영역에 대해 본질적으로 도전하고 침식하는 것임을 분명히 밝히고 있다. AI 기술은 세계를 변화시킬 뿐만 아니라, 인간의 삶, 더 나아가서는 인간 본연의 존재모습 또한 근본적으로 변화시킨다. 이것은 나의 커다란 주제이기도 한 교육의 현재와 미래상에 대해서도 중요한 문제가 아닐 수 없다.

내가 이 책을 굳이 번역하기로 한 이유가 여기에 있다. 4차산업혁
명의 정수인 AI는 사람의 '생각하는 능력', 즉 '지성'을 어디까지 대체
할 것인가, 더 나아가 사람의 지성을 뛰어넘는 '초AI'의 시대는 올 것
인가? 이러한 AI의 발전은 인간사회에 어떠한 영향을 미칠 것인가? 그
와 동시에 AI가 만들어낸 새로운 지적 영역은 종래 사람들의 삶, 특히
지적인 삶을 어떻게 변화시킬 것인가? 결국 이 상황 속에서 인간의 개
념은 어떻게 변화할 것이고, 인간이 새로이 발전시켜야 할 '인간다움'
의 핵심은 무엇인가? 이러한 질문들에 대한 발전적 단초들이 이 책의
여기저기에 존재했기 때문이다.

이 책의 구성과 중요한 내용은 다음과 같다. 제1장에서는 2000년대
이후 AI의 미래를 개관하고 있다. 2015년에 출발한 핀테크, 인공지능과
제조업의 결합으로 설명되는 스마트머신, 인공지능과 언어이해, 범용 AI
탄생의 가능성, 그리고 최종적으로는 인간지능의 수준을 넘어서는 기술
적 특이점에 이르기까지 AI 발전의 미래 조감도가 펼쳐지고 있다.

제2장에서는 라이프니츠 이래 논리추론형 컴퓨터의 탄생과 20세
기 AI 시도의 특징에 대해서 설명하고 있다. 특히 1960년대와 1980년
대 20세기에 두 차례에 걸친 AI 연구의 붐에 대해서 논하면서 그것이
구체적인 성과를 내지 못하고 실패로 끝난 이유에 대해서 밝히고 있다.
즉 20세기 AI 연구는 수리적, 논리적 연산 접근이 주류를 이루었고, 인
간 지성의 또 다른 특징인 직관적 사고에 대한 문제의식은 결여되어
있었다. 그 중요한 이유 중 하나가 인터넷의 부재, 컴퓨터 용량의 한계
등 하드웨어면의 제약이 컸음도 지적한다.

제3장에서는 2010년대 이후 최근의 AI 연구에 돌파구를 열어준 새

로운 기술적 조건에 대해 서술하고 있다. 이 장에서는 기계학습을 통해 어떻게 AI가 직관과 쾌감의 원리를 내재화하는지 밝히고 있다. 소위 '교사있는 학습(분류)', '교사없는 학습(유형화)' 등을 통해 컴퓨터가 이미지를 인식하는 원리를 밝혀주고, 더 나아가서 보상계의 작동을 통한 '강화학습'과 쾌감의 원리가 학습효과의 획기적 향상에 기여하는 과정 또한 쉽게 설명해주고 있다. 나아가 인공신경망을 통해 심층학습 기술이 어떻게 발전해 왔는지 소개하고 있다. '중층 오토인코더', '합성곱 인공신경망CNN', '재귀형 인공신경망RNN' 등을 통해 화상인식이 어떻게 발전하고, 궁극적으로 기계가 '눈'을 갖게 되는 과정을 설명한다. 나아가 이렇듯 기계가 '눈'과 '직관적 능력'를 갖게 됨으로써 그것이 야기할 AI 기술의 획기적인 향상 가능성을 제기한다. 이장의 말미에서 DQN이라는 자율게임을 소개하고 있는데, 이것은 심층학습과 강화학습이 통합된 '심층강화학습'의 사례다. 저자는 이것을 또 다른 기술적 진보의 계기, 즉 AI의 범용화와 자율화의 커다란 계기가 될 것으로 주목한다.

제4장에서는 본격적으로 범용AI, 더 나아가 인간수준의 AI 연구의 현황과 가능성에 대해 논하고 있다. 이 장에서는 전뇌 복사와 전뇌 아키텍처라는 두 가지 접근을 소개하고 있다. 저자는 뇌의 커넥텀 연구에 의존하는 전뇌 복사보다는, 뇌 주요부위의 기능을 공학적으로 재현하고 이를 다시 연계통합하는 전뇌 아키텍처의 방법이 훨씬 현실적임을 주장한다.

제5장에서는 AI는 인간의 지성을 뛰어넘을 수 있는가 라는 어려운 주제를 다룬다. 먼저 괴델의 불완전성의 정리 등을 인용하여 철학적으로 인간수준의 AI, 초인간적 AI가 가능한지 검토하고 있다. 그리고 궁

극적으로 이것이 가능하려면 '메타사고력'과 범용적 강화학습능력이 필요하며, 쉽지 않지만 인공신경망 기술을 통해서 그 가능성은 열려있는 것으로 보고 있다. "범용강화학습기는 현재 AI 기술의 연장선상에 있고 그것이 현실화되는 것은 그리 먼 미래의 일이 아닐 것이다. 그러나 AI가 메타사고력을 갖는 것은 **지금의 AI 기술만으로는** 대체로 불가능할 것으로 생각된다. **그러나 그것이 AI가 원리적으로 인간 이상의 지성을 가질 수 없음을 의미하지는 않는다.**"(강조는 역자)

제6장에서는 AI가 인간의 통제로부터 자율화되어, 역으로 인간을 공격하고 피해를 입힐 가능성에 대해서 검토한다. 이른바 AI의 부정적 측면에 대한 검토다. 여기에서는 '비윤리적 목적함수를 가진 로봇', '목적함수는 윤리적이지만 비윤리적 수단을 취하는 로봇', '목적함수를 스스로 변경해가는 로봇' 등의 사례를 들어, AI가 야기할 윤리적, 철학적 문제를 제기한다. 특히 이장에서는 미래에 발생할 문제를 미리 예상하고, 철학적으로 철저한 대응방안을 검토하여 두어야 한다고 강조하고 있다.

제7장에서는 또 다른 난제인 AI와 '의식'의 문제를 다룬다. 이장에서 물리세계는 퀄리아, 즉 개별감각질과 관계체계, 즉 정보시스템이라는 이원적 구조를 갖는다고 주장한다. 현상과 물질세계는 이원적으로 동반한다는 철학적 사고인 것이다. AI는 개별감각질을 형성시키지 않지만 물리세계의 정보시스템은 파악할 수 있고, 따라서 인간수준의 AI 또한 가능하다. 인간적 의식의 특징인 개별감각질이 없다는 점에서 AI는 의식을 갖지 않는다. 그러나 개별감각질은 특별한 기능이 없기 때문에 AI가 인간수준의 지성(사고능력)을 구축할 수 있다.

　이렇듯 이 책은 AI의 시원과 역사, 그리고 미래의 발전가능성에 이르기까지 현재의 상황을 명확히 짚어내면서도, 동시에 기술적 가능성과 철학적, 논리적 검토를 통해 AI의 미래 발전가능성에 대해서도 객관적으로 논하고 있다. 저자는 여러 가지 현실적인 한계는 아직 존재하나, '범용AI' 나아가 '인간수준의 AI'로의 발전가능성은 이미 열려있다고 판단한다. 따라서 여기에 대한 체계적인 준비와 대응이 필요하다고 목소리를 높이고 있다. 언뜻 보면 이 결론은 아마도 'AI 낙관론'으로 비추어질지 모르겠다. 그리고 기술적 특이점의 등장으로 전통적인 인간 영역의 퇴조 혹은 심각한 위축도 발생할 수도 있을 것이다.

　그러나 저자서문에서도 분명히 하고 있지만, AI의 시대야말로 인간에게는 유토피아가 아닐 수 있음을 명확히 하고 있다. 특히 이 책의 뛰어난 점은 AI 시대에 대해 단순히 기술적, 산업적 차원에서 만이 아니라 AI를 통해 인간에 대해 던지는 질문들을 철학적 사유를 통해 대답하려고 시도하고 있다는 것이다. "철학의 실학적 가치는 이후 점점 커질 것이다...데카르트에게 시계, 프로이트에게 열역학이 있었던 것처럼 과거의 **철학자와 사상가의 사고는 그 때의 첨단적 과학기술에서 촉발**되어왔다. 현대에는 **AI를 통하여 사색을 심화**할 수 있다...일본에서도 AI를 둘러싼 문제를 철학적으로 논의하는 움직임이 무성하게 이루어져야 한다."(강조는 역자) 그렇다. AI를 발전시키는 데에도, 그리고 AI가 야기하는 문제를 넘어서는 데에도 새로운 철학과 인문학, 사회과학이 필요한 것이다. 우리가 주목하는 이 책의 가장 큰 가치는 여기에 있다. AI 시대의 철학과 인간학이 필요하다.

　그러면 우리가 AI 시대에 직시해야 할 문제는 무엇인가? AI 시대는 모든 인간에게 유토피아를 열어줄 것인가? 여기에 대해 나는 조금 비관적이다. AI의 기술은 현재의 연장선상에 있는 특정한 사회적 관계 속에서 전개될 것이기 때문이다. 무엇보다 중요한 것은 AI 그 자체가 인간의 지능을 부분 혹은 전체적으로 대체할 수 있고 이것이 물리적인 신체와 결합한다면, AI는 인간의 고유한 영역으로 간주되던 '노동'을 지속적으로 대체해갈 것이다. 이리하여 소위 '완전 기계화경제'가 가능해질지도 모른다. 물론 이를 통해 저출산 고령화 등으로 인한 노동력 부족을 해결하고, 궁극적으로는 마르크스의 『고타강령비판』에서 높은 단계의 공산주의처럼 인간을 노동에서 해방하여 그야말로 인간적인 자기계발에 몰두할 수 있도록 유토피아가 주어질지도 모른다.

그러나 상황은 엄혹하다. 이 AI 기술을 누가 개발해서 실용화하는가 하는 점을 심각하게 바라보아야 한다. 소위 GAFA—Google, Apple, Facebook, Amazon—라는 말이 있듯이, AI 기술도 세계적인 거대 영리기업들이 독점적으로 개발하고 지배력을 강화해가고 있다. 이러한 점에서 AI 시대, 4차산업혁명 시대의 이미지는 인간적 유토피아보다는, 보다 극단화된 신자유주의 자본주의와 양극화가 중첩되는 초영리적 디스토피아가 될 가능성도 대단히 크다. 무엇보다 AI를 통제할 수 있는 극소수 자본과 노동의 현장에서 무기력하게 배제된 대다수 민중들 간의 극단적 양극화가 야기될 가능성도 부정할 수 없다.

나아가 다수 인구의 배제는 경제분야 뿐만 아니라, 정치제도에서도 발생해서 기술독점과 연결된 민주주의의 부정, 사실상의 전체주의적 초통제사회가 도래할 가능성도 부정할 수 없다. 아마도 황폐화된 미래사회를 그린 SF 영화의 기분 나쁜 장면들이 우리의 미래 현실의 일부가 될 가능성도 있다. 현재의 사회적 관계를 획기적으로 변화시키지 못한다면, AI 시대의 또 다른 모습은 미래 황폐화된 공간으로 대다수

민중들이 내몰리는 상황, 그리고 AI와 사고의 초연결을 통한 디지털 전체주의 상황으로 이어질 수도 있다. 따라서 AI 시대야말로 이 신자유주의적 독점을 어떻게 민주적으로 통제할 것이며, 민중들의 인간적 공간을 어떻게 보호·확대할 것인지를 충분히 고민하지 않으면 안될 것이다. 특히 나는 후자와 관련해 보편적 기본소득 구상이 대단히 중요한 역할을 할 것으로 본다.

AI 시대 기술적 독점은 또 다른 측면에서도 심각한 문제를 야기할 것이다. 이책의 제6장에서도 논리적으로 검토되고 있지만 AI 기술의 반인간적 활용이 그것이다. 미국과 중국을 중심으로 AI의 군사적 이용을 위한 경쟁이 가속화되고 있지만, 미국의 거대독점체들은 이미 군사적 AI 연구에 눈을 돌리고 있는 것으로 드러나고 있다. 2019년 3월에 캘리포니아 하프문 베이Half Moon Bay에서 열린 '새로운 기술 회의New Work Summit'에서도 확인되었지만, 마이크로소프트는 증강현실(AR) 시스템인 'HoloLense' 헤드셋을 미군에게 공급하기로 계약을 체결했고, 구글도 AI를 사용해 드론공격의 정밀도를 높이는 미국방부의 사업에 참여하기로 했다가 철회했다. 물론 아직까지 구글과 같은 기업은 내부 종업원들의 문제제기를 경청하는 기업문화가 있어서 군사적 참여에 신중함을 기하는 태도를 보여주고 있기는 하다. 그렇지만 이러한 경향이 언제까지나 지속될 것이라는 보장은 없다. 즉 AI 독점기업과 패권국 국가의 유착이 강화되면서, AI는 거대국가간의 신냉전, 그리고 민족국가간의 갈등관계에서 인간을 향한 대량살상 기술로 자리매김할 가능성도 크다.

AI가 잉태하고 있는 이 디스토피아를 넘어서기 위해 우리는 무엇을 할 것인가? AI 시대의 새로운 인간학은 어디에 초점이 맞추어져야 하

는가? 바꾸어 말해 AI 시대에 '인간다움'의 핵심은 무엇이어야 할 것
인가? 새로운 시대를 선도하는 인간을 키우는 교육의 초점은 무엇이
어야 할까? 역사적으로 철학과 인간적 사유는 과학기술의 거대한 발
전과 연계하면서 전환적으로 발전해왔다. 그리고 그에 따라 사회적 인
간의 설계도면, 즉 교육설계도 달라진다. 지금 인간이 무엇이고, 인간
적 사고와 의식의 실체는 무엇인지 분명히 할 때다. 그것이야말로 인
간들이 스스로가 만들어낸 물건인 AI에 지배 종속되고 소외疏外/alien-
ation되지 않도록 하는 근본적인 방책이 될 것이다.

첫째 AI 시대를 살아가면서 무엇보다 먼저 고민해야 하는 문제는
기술적 가능성에 대한 시민교육의 목표를 분명히 할 필요가 있다. 기
술 그 자체에 대한 이해와 더불어 그 기술의 논리와 철학에 대한 이해
를 심화시킴으로써, '디지털문해력', 더 나아가서 '기술문해력'을 갖추
도록 하는 것이 급선무 중의 하나일 것이다. 그리하여 시민들이 기술
발전에 대한 통찰적 능력을 갖고 이를 주도하는 능력을 갖도록 하는
것이 중요하다.

둘째 AI는 지능 혹은 지성의 문제이므로 어느 정도 시간은 걸릴지
라도 소위 메타사고력과 범용학습능력 등을 통한 '자율화'의 가능성을
부정할 수 없을 것이다. 따라서 AI의 인간친화적 설계와 발전을 위한
철학과 윤리가 중요하며, 기술발전에 대한 인문학적 이해를 심화시킬
필요가 있다. 따라서 AI 시대의 철학, 윤리, 인문학의 영역을 보다 체
계적으로 발전시킬 필요가 있다. AI 시대야말로 인간의 비판적 사고와
독립적 지성이 더욱 중요해질 수밖에 없다.

셋째 AI와 인간의 접점에서 양자의 고유한 특성을 보다 체계적으로

정형화하고, AI로 대신 할 수 없는 '인간성'의 영역을 구체화해 가야
한다. 특히 인간의 공동체성에 기초한 문화, 예술, 철학 등 '인간다움'
의 영역을 발전시켜야 한다.

넷째 인간의 삶의 기본조건을 보호하고 공동체적 삶의 조건을 강화
하기 위한 노력이 중요하다. 이를 위해 중요한 것이 기본소득과 보편
복지기반의 획기적 강화이다. 그리고 기술과 자본을 독점하고 있는 글
로벌기업에 대한 민주적 통제를 위한 세계적 연대 능력 또한 아주 중
요하다. 나아가 이러한 통제를 뒷받침할 수 있는 AI 시대의 역동적인
민주주의 구조도 아주 중요한데, 시민들의 조직화된 학습-민주주의 공
동체가 일상적 민주주의의 기초로 작동하도록 하고, 그 위에서 보다
근본적인 시민들의 참여가 역동적으로 이루어지도록 하는 것이 필요
하다.

특히 AI 시대를 맞이하여 위에서 언급한 인재를 키워내기 위한 교
육 현장에서의 노력이 아주 중요하다. 첫째 교육목표면에서 노동력이
나 기능인을 육성하던 과거의 제한된 교육 관점에서 하루 빨리 벗어
나, AI의 시대에 정의와 인간주의, 공공성을 지켜가는 철학적인 자유
인, 독립적 시민을 형성하는 교육으로 성큼 성큼 나아가야 한다. 이를
위해 교육이 기능적인 삶의 수단, 역량만을 키우는 것이 아니라, '통찰
력', '기획능력', '시민적 삶의 능력' 등 이 시대를 주도적으로 살아갈
수 있는 보다 고차적인 지성을 키우도록 노력해야 한다.

둘째 교육과정도 국가수준의 교육과정과 학년 등 집단중심의 교육
과정이 아니라, 개인에 내재된 잠재력과 재능, 창의적 지성을 발현시
키고 학생 한명 한명의 서로 다름에 주목하는 개인별 교육과정을 더욱

발전시켜야 한다. 그래서 AI 시대에 AI가 실현하기 어려운 새로운 '인간다움'의 독자적 공간을 교육에서부터 만들어가는 것이 중요하다. 인간의 지성은 단순한 지능으로만 치환되지 않는다. 직관과 상상력, 감성, 공감능력, 그리고 자신의 몸을 통한 활동 등 사고와 의식의 여러 계기들이 종합되면서 지성은 발전하고 꽃을 피우게 된다. 이러한 사고와 의식은 개별적, 특수적이고, 다양한 형태로 형성되고 발전한다.

셋째 향후 교육현장에 AI 교육기술edutech의 도입은 대대적으로 확장될 것이다. 그러나 충분한 섬토와 판단이 이루어지지 않은 무원칙한 교육기술의 도입은 사고프레임의 제약 혹은 왜곡을 가져와, 도리어 교육이 지향해야 할 인간상과 목표면에서 커다란 혼란을 불러올 수도 있다. 이러한 점에서 인간의 창의적 지성, 비판적 사고를 증진시켜 줄 수 있는 교육기술에 대한 엄격한 비평과 선별 능력이 대단히 중요해질 것이다. 나아가 AI 시대에 기술에 대한 보편적 이해도 및 문해력을 증대시키고, 기술에 대한 시민적, 인간(공동체)적 통제를 위한 철학 및 윤리를 강화하기 위한 체계적인 교육이 도입되어야 한다.

넷째 AI 시대 기술독점으로 인한 디스토피아 효과를 최소화하고, 그 성과를 민주적으로 공유하는 시민적 삶의 역량을 강화하기 위한 교육과 학교생태계의 창출이 서둘러져야 한다. 무엇보다 학생들은 민주시민으로서의 삶의 자세를 체계적으로 학습할 수 있어야 한다. 민주시민으로서의 권리의식과 참여, 그리고 공동체적 책무성을 올바로 학습할 뿐만 아니라, 사회적 경제교육 등을 통한 건강하고 공공적인 경제관념을 체계적으로 갖도록 해야 한다. 나아가 학교현장을 민주주의와 사회적 경제, 공유경제의 원칙을 살리는 공동체로 재구성하여, 학생들이 삶속에서 민주적 공동체를 발전시키고 기술을 민주적으로 통제할 수 있는 삶의 역량을 키우도록 해야 한다.

모쪼록 이책이 우리사회가 AI 시대의 새로운 철학과 인간학을 구축하고, 날로 심해지고 있는 사회적 불평등을 넘어 시민 중심의 평등하고 공공적인 미래사회를 준비하는데 중요한 자양분이 되기를 바란다.

이책은 2019년 3월 23일 '시민이 직접 참여해 만드는 공평한 교육'을 지향하여 본격적인 활동을 개시한 민주주주의학교 준비위원회 교육연구 시리즈의 두 번째 성과물임을 밝힌다. 이 번역이 완료되기까지 수고해주신 분들이 몇 분 있다. 우선 정보, 과학기술정책 분야의 전문가로서 전반적인 용어법은 물론 세세한 문맥과 표현에 이르기까지 점검하고 자문해준 나의 아내 김유향 박사에게 고마움을 표한다. 그의 자문에도 불구하고 잘못된 부분이 있다면, 자문을 올바로 반영하지 못한 나의 잘못임을 밝힌다. 아울러 이책의 출판 가능성과 초역을 검토해준 출판계의 전문가 고훈석 선배, 책의 출판을 선뜻 결정해준 진인진출판사의 김태진 대표께도 고마움을 드린다. 마지막으로 책의 편집을 맡아준 편집부의 배원일 선생에게도 고마움을 전한다.

이 역서는 2017년 대한민국 교육부와 한국연구재단의 지원을 받아 수행된 연구(NRF-2017S1A3A2066659)의 결과임을 밝힌다.

초인공지능 - 생명과 기계 사이에 있는 것

초판 1쇄 발행 | 2019년 10월 1일

지은이 | 이노우에 도모히로(井上智洋)
옮긴이 | 송주명
편   집 | 배원일
발행인 | 김태진
발행처 | 진인진
등   록 | 제25100-2005-000003호
주   소 | 경기도 과천시 별양상가 1로 18 614호(별양동 과천오피스텔)
전   화 | 02-507-3077-8
팩   스 | 02-507-3079
홈페이지 | http://www.zininzin.co.kr
이메일 | pub@zininzin.co.kr

ISBN 978-89-6347-416-8 93300

* 책값은 표지 뒤에 있습니다.
* 이 책은 2017년 대한민국 교육부와 한국연구재단의 지원을 받아
  수행된 연구(NRF-2017S1A3A2066659)를 바탕으로 출간되었습니다.